目指せ！英語授業の達人30

絶対成功する！

英文法指導アイデアブック

瀧沢広人 著

中学1年

はじめに

　中学1年生の文法指導のポイントは，「**楽しさ**」です。
　年間を通して，「英語がいつも楽しい！」と思わせることが大切です。
　では，「楽しさ」って何でしょうか。3つあります。
　1つ目は，「**ネタの楽しさ**」です。生徒の興味関心を引く楽しいネタです。ネタが楽しければ，必然的に楽しくなります。英語の授業ではまさしく，Ideas are around us.（アイデアは私たちのまわりに転がっている）ですので，身の回りから楽しいネタを探すことです。
　2つ目は，「**活動の楽しさ**」です。やってみて単純に楽しい活動は，必然的に楽しいです。活動自体が楽しければ，授業は楽しくなるのです。中1ではとにかくゲームです！
　3つ目は，「**わかる楽しさ**」です。授業はわかると面白いのです。そのためには「難しいことをやさしく」して教えなければいけません。文法という難しいことをいかにわかりやすく整理し，明確に指導できるかどうかが決め手であると同時に教師の仕事だと思います。
　要は中1の英語授業は，「**ネタ**」や「**活動**」で生徒を楽しませ，最後にはきちんとまとめをして「**わから**」せ，その繰り返しで英語を好きにさせるのです。
　そう考えてみると，「ネタの楽しさ」は導入で…，「活動の楽しさ」は展開で…，「わかる楽しさ」はまとめの部分で…というように，楽しさの場所を3つの段階で分けることができるのではないでしょうか。
　本書では，『英文法指導アイデアブック』と称して，中学1年の文法指導のアイデアを「**導入**」から「**展開**」，「**説明（解説）**」，「**まとめ**」とフルコースで紹介します。
　あくまでもアイデアですので，本書を読み，「ああ，そうか…。こういうアイデアもあるのか…」とそのまま参考になるものから，「そうか…。でも，私ならこうするぞ」というような新しいアイデアが湧き出てくるかもしれません。
　アイデアはないところからは生まれません。
　今あるアイデアをほんの少し変えたり，そのアイデアをヒントとして，新しいアイデアがひらめいたりすることがあれば，本書が役に立ったということになります。
　ぜひ，手元に置いていただき，ご活用いただければ幸いに思います。
　2015年4月

瀧沢広人

もくじ

はじめに 2

Part 1
接続期の指導アイデア 4
1　1日目　冠詞 a / an を教えよう！ 4
2　2日目　単数と複数を教えよう！ 6
3　3日目　my と your を教えよう！ 8
4　4日目　What's this / that? を教えよう！ 10
5　5日目　Who's this? を教えよう！ 12
6　6日目　人称代名詞を教えよう！ 14

Part 2
一般動詞の指導アイデア 16
7　一般動詞　肯定文 16
8　一般動詞　疑問文 20
9　一般動詞　否定文 24

Part 3
be 動詞の指導アイデア 28
10　be 動詞　肯定文 28
11　be 動詞　疑問文 32
12　be 動詞　否定文 36

Part 4
人称代名詞の指導アイデア 40
13　人称代名詞　所有格 40
14　人称代名詞　目的格 42

Part 5
疑問詞の指導アイデア 44
15　疑問詞 what　What ...? 44
16　疑問詞 when　When ...? 46
17　疑問詞 where　Where ...? 48
18　疑問詞 how　How many ...? 50
19　疑問詞 whose　Whose ...? 52
20　疑問詞 what　What time ...? 54
21　疑問詞 which　Which ...? 56

Part 6
3人称単数現在形（3単現）の指導アイデア 58
22　3単現　肯定文 58
23　3単現　疑問文 62
24　3単現　否定文 66

Part 7
命令文の指導アイデア 70
25　命令文　肯定 70
26　命令文　否定 74

Part 8
現在進行形の指導アイデア 78
27　現在進行形　肯定文 78
28　現在進行形　疑問文 82
29　現在進行形　否定文 86

Part 9
can の指導アイデア 90
30　can　肯定文・否定文 90
31　can　疑問文 94

Part 10
過去形の指導アイデア 98
32　規則動詞の過去形　肯定文 98
33　不規則動詞の過去形　肯定文 102
34　過去形　疑問文 106
35　過去形　否定文 110

付録　ワークシート＆カード集 114

参考文献 133
おわりに 134

絶対成功する！英文法指導アイデアブック　中学1年

Part 1　接続期の指導アイデア

1　1日目　冠詞 a / an を教えよう！

小 学校外国語活動で英語に慣れ親しんできた生徒には，絵は有効です。絵を見せると，dog, cat, tiger, apple, orange, lemon … などと言ってきます。ついでに，What color? と聞くと，Red! Yellow. Purple. などと返ってきます。その流れで，「１つの時は，a を付けて言います。では，言ってみましょう」と言わせていけば，無理なく冠詞の a / an を導入することができるのです。

1　導入　5分

❶ 絵を見せて，英語で言わせる。　3分

　動物の絵を見せていきます。この時，What's this? と教師が言ってもいいです。すると生徒は小学校外国語活動でやってきていますので，Dog! とか，もしくは，It's a dog. とか言ってきます。そこで，Good! と言って褒めて，やりとりに弾みをつけながら，What's this? と言い，違う絵を見せます。すると，Cat! と言ってきます。さらに次の絵を見せ，今度は何も言わなくても，生徒は Rabbit! というように言ってきます。その後は，テンポよく，次の絵，次の絵というように見せていき，英単語を言わせます。ここまでが，Warm up となります。

　その後…。

T：では，１つの時は，a を付けて言ってみましょう。　A dog.
C：A dog.
T：A dog.
C：A dog.

　このように，絵を見て２回ずつは，繰り返すようにします。７，８個の英単語をやった後で，突然「タコ（= octopus）」の絵を見せます。すると生徒はどうなるでしょうか。

❷ 冠詞 an の導入をする。　2分

C：A … octopus.
T：Again?
C：A … octopus.
T：これは，An octopus. ってなります。言ってみましょう。　An octopus.
C：An octopus.
T：Good.　An octopus.
C：An octopus.

　このように絵をただ見せていくだけで，a / an の導入ができてしまいます。

❷ まとめ 10分

❶ 確認する。 5分

T：今，dog の時は，A dog. って，A と言いましたね。でも，タコはどうだったかな？
　　　　　　　　　　　　　　　　　　　C：An octopus.
T：そうだね。じゃ，ワニ，alligator は？　C：An alligator.
T：そうですね。ゾウは？　　　　　　　　C：An elephant.
T：そうだね。じゃ，どういう時，a じゃなくて，an になるんだろう。わかった人？

　勘のいい子が「オで始まった時…」のように言ってきますので，「すごいね〜」「他に…？」と聞きます。すると，「アで始まった時も an になる」と言ってきます。そこで，「アイウエオで始まる語は，a じゃなくて，an になるんです」と説明します。

❷ 練習する。 5分

　今度は，果物や身の回りの物の絵を見せて，a が付く時と，an が付く時の違いに気をつけながら，しっかり言えるか確認します。また，発展的に，What's this? の質問に，It's a / an 〜 . で，答えさせることもできます。What's this? --- It's a 〜 . は，小学校外国語活動で触れています。

＼ここで差がつく！／

指導＆教材活用のポイント

　私のパソコンにはイラストカット集がデータで4，5冊入っています。CD-ROM 付きイラストカット集を購入し，パソコンに入れ，同じカテゴリーごとにフォルダでまとめておきます。例えば私のパソコンには，「人物」「食べ物」「動物」「植物」「スポーツ」「家族」「職業」のようにそれぞれ違う出版社から出ているカット集を，同じカテゴリーごとに1つのフォルダに整理してあります。すると目的のイラストをすぐに引き出すことができます。

　英語の授業にはイラストは欠かせません。授業準備をやりやすくするためにも，必要と思われるものは揃えておき，すぐに授業ができるよう環境を整えておくと便利です。

Part 1　接続期の指導アイデア

2　2日目　単数と複数を教えよう！

　小学校外国語活動では，複数形については5年生の時の How many? で Three apples. のように学んで来ています。ただ，「どういう時に複数形になるのか」というような理屈は学んで来ないと思います。しかし，複数形を教えることは，さほど難しいことではありません。「イヌが1匹」の絵と「イヌが2匹」の絵を見せ，dog / dogs と言わせれば，複数形は簡単に指導できます。
　ここでも絵は有効なのです。

1　導入　5分

❶ 単数，複数の違いに気づかせる。 1分

　動物の絵を見せていきます。最初，イヌが1匹の絵を見せます。そして言わせます。

T：Repeat. dog
C：dog
T：dog
C：dog

　その次に，イヌがたくさんいる絵を見せて言います。

T：dogs
C：dogs（？）
T：dogs
C：dogs

❷ 同様に，ネコやトラ，コアラ，ゾウなどの絵を見せていく。 2分

T：cat　　C：cat
T：cat　　C：cat

　その次に，ネコがたくさんいる絵を見せて言います。

T：cats　　C：cats
T：cats　　C：cats

　その後，10〜12種類の絵を見せながら繰り返させます。

❸ 繰り返し絵を見て，今度は生徒だけで言わせる。 2分

(1) 全体　　　T：では，今度はみんなだけで言います。
(2) 列指名　　T：This line.（と言って，1人1つずつ数列言わせる）
(3) 全体　　　T：はい。みんなで…。

2 まとめ 7分

❶ 確認する。 2分

T：今，1匹の時と，2匹以上では，何か発音が違っていたよね。イヌが1匹の時は…？

C：dog

T：そうだね。でも，たくさんいた時は？

C：dogs

T：よく覚えていたね。そうですね。dogs となります。みんなが小学校5年生の時に，How many apples? というのをやったよね。いくつリンゴを持っているか尋ね合ったりしたんだけど，その時，リンゴが1つだと，apple だけど，2つ以上になると，applesって言ったのを覚えているかな。
これを「複数形」って言います。

❷ 日本語との言い方の違いに気づかせる。〈言語文化の指導〉 5分

T：これは日本語で何と言う？（と言って，本を1冊見せる）　　**C**：本

T：そうだね。本ですね。では，2冊だと…？　　**C**：本

T：そうです。日本語では1つでも2つでも「本」は「本」って言います。でも，英語は違うね。本が1冊なら…？　　**C**：a book（または book）

T：本が何冊かあったら…？　　**C**：books

T：そうなんです。英語だと，1冊と何冊かでは言い方が違うんですね。

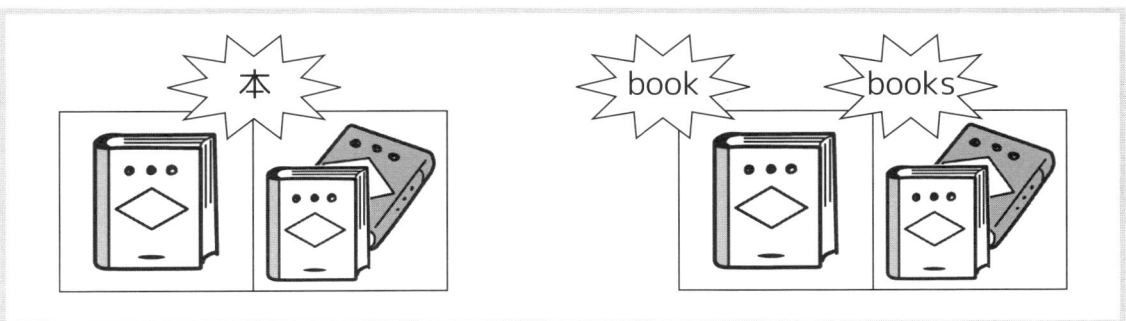

ここで差がつく！
指導＆教材活用のポイント

　学校英語の醍醐味は，日本文化と英語文化の違いを扱うところにあります。日本語にあって英語にない文化，英語にあって日本語にない文化，そういうものを言語の中から見つけ出すのが「言語文化」（＝ Culture in language）です。日本語には複数形がなくて，英語には複数形があるのは，日本人が農耕民族で，欧米人が牧畜民族だから…という説があります。

Part 1 接続期の指導アイデア

3 3日目
my と your を教えよう！

「冠詞の a / an」,「単数・複数」を扱った後には,人称代名詞の「my と your」で言語活動をしていきましょう。物の名前に,my や your を付ければ,会話ができてしまいます。それに,Is this ...? を付ければ,立派な疑問文の形となります。要は,導入はシンプルに面白く行います。

さて,いくつかの著書で紹介してきましたが,「私は詐欺師」というやり方で,my と your を導入していきましょう。

1 導入 5分

❶ 生徒にいきなり質問してみる。 3分

my という意味を確認した後,生徒の筆箱を持ち上げて,My pencil case? と尋ねます。

T：My pencil case?
C1：Yes.
T：Thank you.（と言って,もらってしまう。その後,他の生徒の所に行く）
　　My pen?
C2　私のペン？　うん。Yes!
T：Thank you.（生徒から笑いが出る。鼻歌を歌いながら…,生徒に近づき…）
T：Oh, my bag?
C3：Yes.
T：Thank you. …… Oh, a nice eraser. My eraser?
C4：Yes.

❷ そのうち,たくましい子が出てくる。 2分

このようにやっていくと,次のように言ってくる子が出てきます。

T：My notebook?
C5：No. My notebook.
T：O.K.（と言って,そのまま通り過ぎる）My book?
C6：No.
T：（このままでは,みんなに No. で言いきられてしまうので）No?（と再度聞くと）
C7：Yes.（と返ってくるので）
T：Thank you. たくさん儲かりました！

このように言って,教卓に戻って行きます。

2 まとめ　7分

❶ 確認する。　2分

T：今，先生が「My pen? 私のペンですか？」のような文を言いました。そして，○○さんが，元気よく「Yes. はい」と言いました。だからもらってしまいました。

同じように，「My book? 私の本ですか？」と聞いたら，Yes! と言ってくれましたので，私がもらってしまいました。たくさん儲かりました。

❷ 繰り返す。　2分

T：O.K. Repeat after me? My pen?	**C**：My pen?
T：Yes.	**C**：Yes.
T：My book?	**C**：My book?
T：No.	**C**：No.
T：Your book?	**C**：Your book?
T：Yes.	**C**：Yes.

❸ 言語活動をする。　3分

T：では，My ～? と友達に聞いて，たくさんだましましょう！ Stand up. Ready Go!

生徒は自由に立って，友達のものを指さしながら，My bag? My pencil case? My bag? のように言い合って，会話をします。

ここで差がつく！
指導＆教材活用のポイント

　他者を意識するということはとても大切なことです。日本語で訳すと「私のペンですか」という意味になりますが，これは話し手にとっての「私のペンですか」という意味ですので，そこを相手を意識したコミュニケーションとして英文を理解させるようにします。

　つまり，相手を意識した英語の活用（コミュニケーション）の視点を大事にし，文法指導をしていきます。このようなことを，中学1年生の接続期（＝入門期）から行うことで，コミュニケーションとして英語を学んでいく姿勢が育つのではないかと思うのです。

Part 1 接続期の指導アイデア

4 4日目
What's this / that? を教えよう！

小 学校5年生で，What's this? --- It's a ～. という文を学習します。しかし，this の意味はきちんと理解していないかもしれません。そこで，絵を見せながら，生徒に What's this? と尋ねた後，What's that? と that を導入し，this と that の意味の違いに気づかせていきたいです。またこの this と that の指導では，埼玉県の小林正明氏のアイデア（デジタルカメラ写真で遠近を上手に利用し提示する方法）が有効です。(参照『中学英文法！楽しい導入アクティビティ・アイデア集』明治図書)

1 導入 4分

❶ 絵の一部を見せながら，生徒に尋ねる。 2分

T：O.K. What's this?
C：It's a ... snake?
T：No. What's this?
C：Rope?
T：No.（少しずつ絵を見せていく） What's this?
C：It's ... 傘.
T：What do you say 'かさ' in English?
C：Umbrella.
T：Yes. That's right. It's an umbrella. Repeat. It's an umbrella.
C：It's an umbrella.

❷ 人物と遠近法で遠くにあるものを指さしている絵を見せて，尋ねる。 2分

T：What's this?
C：It's a bike.
T：Right. What's that?
C：It's a bike.

このように，他のもので3つか4つ行った後，this と that の意味を確認します。

T：今，先生は，What's that? と言いました。that ... ってどういう意味だろう？
C：遠くにある時?!
T：そうですね。自分から見て遠くにあるものは，that と言うんですね。

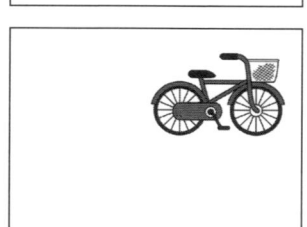

2 まとめ 6分

❶ 確認する。 2分

T：確認します。this って，どういう時使う？　　C：近い時。
T：では，that は？　　C：遠くにある時。
T：そうですね。今日の勉強は2つです。1つは，What's this / that? の聞き方ともう1つは，this / that の意味の違いです。（と言って，ALT の写真を見せる）これは？　近くにいる時ですね。　　C：This is Rosamba.
T：では，これは？　　C：That is Rosamba.
T：このように，this と that は，人に対しても使えます。

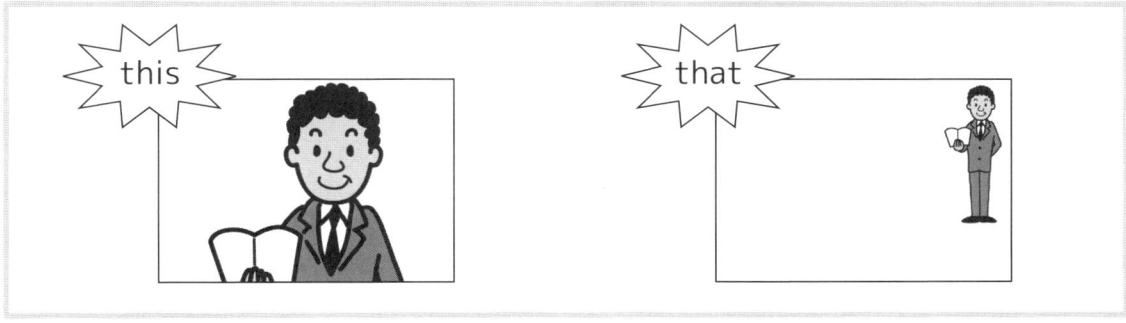

❷ 繰り返す。 1分

T：O.K. Repeat after me. This is Rosamba.　　C：This is Rosamba.
T：That is Rosamba.　　C：That is Rosamba.

❸ 言語活動をする。 3分

T：では，近くのものを指さして。This is …. This is …. と，10個言ったら座りましょう。
C：This is a desk. This is a bag. This is a pen ……
T：今度は，遠くのものを指さして。That is …. That is …. と，5個言ったら座りましょう。
C：That is a door. That is a window. That is a tree ……

ここで差がつく！

指導＆教材活用のポイント

とにかく習ったら使わせたいです。使うと覚えます。それも自分で言ってみた英語は覚えます。教室内にあるものや教室から見える遠くのものを英語で言うことで，単語力が大きく広がってきます。見たものを言わせるのも言語活動です。

Part 1 接続期の指導アイデア

5 5日目 Who's this? を教えよう!

What's this? を学習したら，そのまま What を Who に変えて Who's this? を教えます。この2つの比較で，物や動物を尋ねる時は What's this?，人の場合は Who's this? となることを無理なく教えることができます。もちろん導入は，前時の復習から入ります。絵を見せて What's this? と質問し，生徒に It's .... と答えさせていきながら，途中で，Who's this? と聞いてみましょう。

1 導入 5分

❶ 絵を見せながら，What's this / that? と生徒に尋ねる。 2分

T：What's this?
C：It's a dog.
T：What's this?
C：It's an elephant.
T：What's that?（後ろの黒板に貼った絵を指さす）
C：It's a bird?
T：Yes. It's a bird.
　　What's that?（後ろの黒板に貼った絵を指さす）
C：It's a tiger.

❷ 人の写真を見せて，Who's this? と生徒に尋ねる。 3分

T：Who's this?
C：It's ......
T：No .... 人の時は，That's .... と言います。
C：That's Rosamba.
T：Yes. That's Rosamba.
　　Who's this?
C：That's Jun.
T：That's right.
　　Who's this?
C：That's Mr. Takizawa.
T：Good!

2 まとめ 7分

❶ 確認する。 2分

T：イヌの絵を見せた時には，先生は何て尋ねた？　　　C：What's this?

T：そうだったね。じゃ，ロサンバ先生の写真を見せた時には，先生，何て聞いたかな？
　　　　　　　　　　　　　　　　　　　　　　　　　　C：Who's this?

T：よく覚えていたね。繰り返しましょう。Who's this?　C：Who's this?

T：何か違いがあるでしょう？　どこが違う？　　　　　C：人の時は，Who's this? って言う。

T：そうですね。今日覚えて欲しいことは，「人の時には，Who's を使うということ」です。

❷ 繰り返す。 2分

T：O.K. Repeat after me. Who's this?　C：Who's this?

T：That's Rosamba.　　　　　　　　　C：That's Rosamba.

❸ 言語活動をする。 3分

T：では，近くの人を指さして。Who's this? That's Manami. のように，友達と会話をしてみましょう。時間を2分間とりますので，5人以上と会話してみましょう。

C1：Hi, who's this?　C2：That's Hiroshi.

C1：Who's this?　　C2：That's Kenta.

＼ここで差がつく！／

指導＆教材活用のポイント

　小学校外国語活動では，What's this? はやりますが，Who はほとんど扱いません。ただ Who am I クイズという言い方で，Who という語彙には触れます。しかし当然その意味やどんな時に使うのかは知らないでしょう。こうしたことをこれからの中学教師は小学校でどこまで学習してきたのかを知って，中学の英語授業を組み立てていく必要が出てきます。

Part 1 接続期の指導アイデア

6 6日目
人称代名詞を教えよう！

小 学校外国語活動は，主に1人称と2人称で授業が組まれています。なので，he とか she といった代名詞はあまり触れることがありません。しかし，中学では確実に教えます。しかしこれも，絵を用いれば簡単に指導できます。ただ絵を見せていくだけです。絵を見せ，「男だったら he」「女だったら she」「物や動物だったら it」と言わせていけばいいのです。

そして最後にオチを用意しておきます。

1 導入 3分

❶ 絵を見せ，生徒に he か she か言わせていく。 2分

男の子の絵を見せ，he と言います。すると生徒も he と言ってきます。続いて，女の子の絵を見せ，she と言います。生徒も she と繰り返して言います。さらに男の人の絵を見せて，he と言うと，生徒も he と言います。以下，絵を見せて，he か she で言わせていくだけです。

T：（男の人の絵を見せて）
C：he
T：（女の人の絵を見せて）
C：she
T：（総理大臣の写真を見せて）
C：he
T：（芸能人の写真を見せて）
C：she
T：（ニューハーフの写真を見せて）
C：she ...? he ...?

❷ 何人も he か she で言う練習をした後，物や動物の絵や写真を見せる。 1分

T：（イヌの絵）
C：he? she ......
T：物や動物ならば，例外もありますが，it となります。
C：it
T：（机の絵）
C：it?

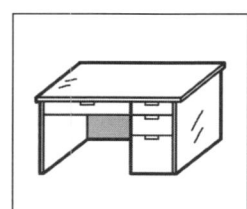

2 まとめ　3分

❶ 確認する。　2分

T：男の人は？　　　　　　　C：he
T：女の人は？　　　　　　　C：she
T：じゃ，ロサンバ先生は？　　C：he
T：じゃ，イヌは…？　　　　　C：it
T：鉛筆は？　　　　　　　　C：it
T：そうですね。今日は男の人は he，女の人は she，物や動物は it を使うことを覚えようね。

❷ 練習をする。　1分

T：男の子を指さして，he　he　he と10人言ったら，座りましょう。
C：he he he he ……
T：女の子を指さして，she　she　she と10人言ったら，座りましょう。
C：she she she she ……
T：物を指さして，it　it　it と10回言ったら，座りましょう。
C：it　it　it ……

ここで差がつく！
指導＆教材活用のポイント

　難しいことをやさしく…とは至極名言です。私は文法を指導する時には，いかにやさしく教えるかを考えます。難しいことを難しくそのまま教えるのではなく，難しいことをやさしくして教えるかが文法指導における教材研究の在り方であると思っています。人称代名詞などは絵を見て，he か she，または it と言っていくだけで指導が可能になります。

Part 2 一般動詞の指導アイデア

7 一般動詞 肯定文

小 学校で英語を学習してくると，英語の語順に自然と慣れて中学校に入学してきます。I play tennis. が正しくて，I tennis play. って言うと「なんか変？」と生徒は感覚的に感じます。つまり，小学校での「話す・聞く」を重視した授業の中で，感覚的に語順に慣れ親しんでいるのです。そこでそのような小学校外国語活動からの接続を考えた場合，一般動詞の導入は，生徒の興味関心を引く「Who am I クイズ」から導入するといいでしょう。そしてただなんとなく「英語では I play tennis. という順番になる」と思っていた生徒が，「そうか！ 英語では"誰が・どうする・何を"の順番になるんだ」という日本語との語順の違いを理解させていくことが中学での指導になるでしょう。

1 導入　15分

❶「Who am I クイズ」のやり方を説明する。 3分　(巻末p.114, p.115参照)

T：I'll give you "Who am I クイズ." ヒントを3つ言いますので，そのヒントを聞いて，私が誰であるか当てていきます。第1ヒントを聞いて「あっ，これかな…」と思ったら，クイズシートのヒント1のところに書きます。続いてヒント2を聞いて，ヒント1で思ったものと同じなら，それを書けばいいし，「違うな」と思ったら，新しい答えを書きます。

	クイズ1	クイズ2	クイズ3	クイズ4
ヒント1				
ヒント2				
ヒント3				

T：ヒント1で当たれば7点。ヒント2で当たると5点。ヒント3で当たると3点。当たらなかったら，マイナス1点です。では，やってみましょう。

❷「Who am I クイズ」を5問程度行い，一般動詞の入った文を聞かせる。 12分

T：Hint 1. I am an anime character. 　　**C**：え～。それだけ？
T：Yes. I am an anime character. 　　　**C**：(無言)
T：Hint 2. I have no ears. 　　　　　　**C**：わかった！
T：Hint 3. I am blue. And I have a pocket. 　**C**：やっぱりそうだ！
T：答えをみんなで…！ せーの？ 　　**C**：Doraemon

❷ 展開 10分

❶ 活動1 「好きな果物を言ってみよう」をする。 5分 （巻末p.116参照）

T：今から絵カードを配ります。もらったら人には見せないで自分だけでこっそり見ます。

T：今，みんなが持っている絵カードに描いてある果物はみんなの好きな果物だとします。今から，友達の所に行って，絵カードを見せながら，I like apples. のように好きな果物を言います。もし同じだったら，I like apples too. と言います。最初は Hi. と挨拶してから言いましょう。10人くらいとできるといいですね。Stand up. Ready go.

C1：I like grapes.
C2：I like peaches. Bye!
C1：Bye!

およそ2～3分後…。

> A：Hi. I like apples.
> B：I like oranges. Bye!
>   I like apples too.

T：O.K. Go back to your seats.（生徒は席に着く）
How many friends? 何人とできた？ How many friends did you talk to? One? Two? Three? …… Ten? Ten and over? 10人以上。Well done.

❷ 活動2 「仲間を増やそう」をする。 5分 （巻末p.116参照）

T：今度は，スポーツです。今配った絵カードに描いてあるスポーツまたは武道は，みんながするスポーツです。今から絵カードを見せながら，I play soccer. のように言っていきます。そして同じスポーツをする人を見つけたら，声を揃えて，We play soccer. と言います。We って「私たち」っていう意味だね。そして見つけた2人で今度は違う人の所に行って，絵カードを見せながら，We play soccer. と言ってだんだんと仲間を増やしていきます。Stand up. Let's go!（教師も参加する。BGM があると活動がしやすくなる）
OK.（と言って，その場にいさせる。何グループかに分かれている。1つのグループを指名して）What sports do you play?

C：We play judo!

3 説明 10分

❶ 文構造を理解させる。 2分　　　　Can Do!「英語は,"誰が・どうする・何を"の順番になる」

T：今日は，I like apples. のような文を学習しましたが，どこか日本語と違うところがあるんだけど，気づいた？

C：言う順番が違う。

T：そうだね。例えば「私は　テニスを　する」だったら，英語で，「私は　する」って，まず言っちゃうんだね。そして，次に「テニスを」と言います。ここが英語と日本語の大きな違いであって，とても大切なところなんですね。これを「語順」と言います。

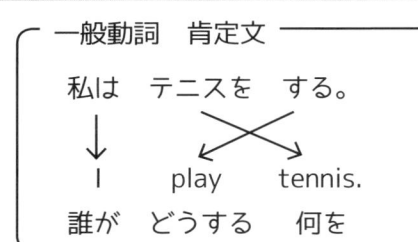

❷ 口頭練習をする。 3分

T：では，先生が日本語で言うから，みんなは英語にしてみて。①私はサッカーが好きです。

C：I like soccer.

T：Good. ②私は納豆が好きです。

C：I like natto.

T：③私は2匹イヌを飼っています。

C：I have two dogs.

T：④私はバスケットボールをします。

C：I play basketball.

❸ ノートに写す。 2分

T：ノートに写しましょう。時間は2分程度で…。

❹ 先生問題&答え合わせをする。 3分

T：では，先生問題です。日本語を書かなくていいので英語にしてみましょう。

①私は，リンゴが好きです。→ I like apples.
②私は，イヌを1匹飼っています。→ I have a dog.
③あなたは，テニスをします。→ You play tennis.

4 まとめ　5分

❶ 自己表現をする。　5分　（巻末 p.114 参照）

T：では，「自分の好きなもの」「自分の持っているもの」「自分がするスポーツ」を書きましょう。

自分を紹介しよう！

☆自分の好きなもの
_____
_____
_____

☆自分の持っているもの
_____
_____
_____

☆自分がするスポーツ
_____
_____
_____

まとめ用ワークシート

英文例）　I like sushi.
　　　　　I have comic books.
　　　　　I play soccer.

ここで差がつく！
指導＆教材活用のポイント

　私は，新しい学年を持った時には，「すらすら英単語」で，自己表現に必要な語彙を先取りしておきます。「すらすら英単語」は「書けなくてもいいから言える単語を増やそう」というのがねらいです。生徒には「すらすら英単語」をファイル表紙裏に貼らせておきます。すると何か表現したい時に，わからない語があると，「すらすら英単語」を開き，英語やスペリングを確認することができます。たいてい文法のまとめでは，自己表現させますので，生徒には，自己表現できるだけの語彙力を与えておきます。（参照『1日5分で英会話の語彙力アップ！中学生のためのすらすら英単語2000』瀧沢広人・岩井敏行・小山田友美著，明治図書）

Part 2　一般動詞の指導アイデア

8　一般動詞　疑問文

Who am I クイズの第2弾です。しかし今回は，疑問文です。疑問文を聞かせなくてはいけません。そこで，Who am I クイズを Q&A でやってみましょう。やり方は簡単です。ALT にある動物になってもらいます。そして JTE が質問役です。生徒は ALT と JTE のやりとりを聞いて，ALT が何の動物であるかを当てるのです。このようにすると，生徒に疑問文を聞かせることができます。また，動物に限定することで，いきなり Do you ～? の質問から入ることをが可能になります。

1　導入　15分

❶「Who am I クイズ」の Q&A のやり方を説明する。　2分　（巻末 p.114, p.115参照）

T：Let's play "Who am I クイズ." 今日は ALT がある動物になりきります。先生がいろいろ質問していきますので，その会話を聞いて，ALT がどんな動物なのか当てるゲームです。やり方は前回と同じです。早いヒントで当たった方が得点が高くなります。

	クイズ1	クイズ2	クイズ3	クイズ4
ヒント1				
ヒント2				
ヒント3				

クイズシート

❷ クイズを4問出す。　13分

JTE：Hint 1. **Do you** live in Australia?　　ALT：No. I live in Africa.
JTE：はい，そこまで。

　ここで生徒は ALT がどんな動物であるか推測します。

JTE：Hint 2. **Do you** have a long nose?　　ALT：No. I have small ears.
JTE：はい，そこまで。

　このようにヒントを3つまで出すよう ALT に質問します。だいたい第2ヒントくらいで半分くらいの生徒がわかると盛り上がります。一方的な Who am I クイズから，Q&A 方式にすることで，いずれは生徒から質問が出てくるようになってきます。最後に答え合わせをして，説明に入ります。

2 展開 10分

❶ 今日の学習を確認する。 3分

T：今日の勉強は，「疑問文」です。「あなたはイヌを1匹飼っています。」は英語で？

C：You have a dog.

T：そうですね。これを「あなたはイヌを飼っていますか？」という疑問文にする時は，Do を前に置き，最後に？を付け，上げて言うと疑問文になります。言ってみましょう。Do you have a dog?

C：Do you have a dog?

T：答え方は，「あなたは〜」で聞いているので，「はい。私は…」と答えます。Yes, I do.

C：Yes, I do.

T：No. の時は，No, I don't.

C：No, I don't.

T：今のようになります。

> You have a dog.
> **Do** you have a dog? ↗
> { Yes, I do.
> { No, I don't.

❷ 教室熱狂！「動物カードゲーム」をする。 5分 （巻末p.116参照）

T：今から絵カードを配ります。1人5枚ずつ取ります。絵カードは見ないで取りますよ。

    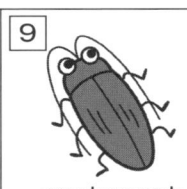

5	1	2	3	9
lion	cat	monkey	tiger	cockroach

T：今，持っている絵カードは，みんなが家で飼っている動物だとします。（**C**：え〜）友達とジャンケンをします。ジャンケンに勝った人は，Do you have a dog? Do you have a cat? Do you have a cockroach? と友達の飼っている動物を当てます。3回まで質問できます。当てたら，その絵カードがもらえます。3回まで言う間に当ててしまったらおしまいです。Good bye. と言って，違う友達の所に行ってやります。一度やってみますね。（と言って，見本を見せる）では，時間は3分間です。Stand up. Let's start.

❸ 得点を発表する。 2分 （巻末p.115参照）

T：O.K. Go back to your seats. How many card? Five! Four! Three! Two! One! Six?（このように確認する）一番枚数の多かった生徒に拍手。（その後…得点を言う）みんなのカードに⑤とか⑩とか書いてあるでしょ。これが…絵カードのポイントです。

C：え〜！ すげ〜！

T：ポイントをすべて足します。（生徒は計算する。その後高得点者を確認すると…）新チャンピオンに，拍手！ ではポイントカードにポイント分を塗っていきましょう。

❸ 説明 10分

❶ 文構造を理解させる。 5分　　　　Can Do!「文の最初にDoを付けて,最後にクエスチョンマーク」

T：確認します。今日の勉強は,「あなたは〜しますか?」という疑問文です。Doを付けて,最後に?を付ければ疑問文になります。答える時は,Yes, I do. または, No, I don't. と答えます。

　　□で囲って,ノートに書いておきましょう。

```
┌─ 一般動詞　疑問文とその答え方 ─────────────┐
│        You have a dog.                  │
│    Do you have a dog?                   │
│       ┌ Yes, I do.                      │
│       └ No, I don't.                    │
└─────────────────────────────────────────┘
```

❷ 口頭練習をする。 1分

T：O.K. Repeat after me. You have a dog.　　**C**：You have a dog.
T：Do you have a dog?　　　　　　　　　　　**C**：Do you have a dog?
T：Yes, I do.　　　　　　　　　　　　　　　**C**：Yes, I do.
T：No, I don't.　　　　　　　　　　　　　　**C**：No, I don't.

　　このように数回口慣らしを行います。

❸ 先生問題を出す。 2分

T：先生問題を出します。先生が書く文を,写さなくていいです。疑問文にしてみましょう。

```
① You have a cat.
② You play soccer.
③ You like apples.
```

❹ 答え合わせをする。 2分

T：答え合わせをします。①はどうなりますか?
C：Do you have a cat?
T：そうですね。Doを付けて,最後に?を付ければいいんでしたね。
　　②はどうなりますか?
C：Do you play soccer?
T：はい。ちゃんと?は付いていますか?
　　このように作り方を確認しながら行います。(③の答えは Do you like apples?)

4 まとめ 10分

❶ 自分のことで答えさせる。 3分

T：では，今度は自分のことで答えてください。Do you play tennis? ○○くん。
C：Yes.
T：Yes, I do.
（と言って，最後まで答えさせるようにする）
C：Yes, I do.
T：Great! Do you play soccer, Kenji?
C：No, I don't.

❷ 疑問文を使わせる。 2分

T：では，今度は，先生が Yes, I do. と答えそうな質問をしたら座ります。Everyone, stand up.
C1：はい！ Do you like natto?
T：Yes, I do. Good. Sit down.
C2：Do you play tennis?
T：Yes, I do.
C3：Do you like udon?
T：Yes, I do.（2～3分やって，全員座るまではやらずに終える）

❸ 「すらすら英文法」で，本時の Can Do を確認しながら，理解を深める。 5分

「すらすら英文法」を活用し，ペアで本時の学習内容を確認します。真ん中の線で折り，ジャンケンをして，負けた人が答えていくようにします。□1や□2のようにまとまりごとにジャンケンをして答える役を変えていきます。ジャンケンに勝った人は，答えを見ながら，O.K. とか，Good. のように言っていきます。またこのワークシートは，自学用にも使うことができます。（参照『Can Do で英語力がめきめきアップ！ 中学生のためのすらすら英文法』明治図書）

> ここで差がつく！
>
> ### 指導＆教材活用のポイント
>
> 動物カードゲームは，私が新任の頃に思い付いたゲームです。偶然，うまくいきました。
> 1人に動物カードを5枚ずつ配り，当てっこするゲームです。そこには，英語ゲームを面白くする原則「ジャンケンの活動」「カードの奪い合い」そして「得点」が入っています。最後に，「カードの上に書いてある数字がそのカードのポイントです」と言うと，生徒は「お～」となります。枚数が少なくても得点の高いカードを持っていれば，高得点になれるのです。
> すると生徒が，「もう一度やろう」と言ってきます。つまり，こちらからやりなさい…と言うのではなく，やりたいと思わせるのです。そして，やればそれだけ生徒に英語を使わせることができます。そんな効果が「英語ゲーム」にはあると思うのです。

Part 2 一般動詞の指導アイデア

9 一般動詞 否定文

小　学校外国語活動では，肯定文や疑問文はよく耳にし，慣れ親しんでいますが，否定文はどちらかというとあまり使われない文型です。しかし，教え方はそんなに難しくはありません。練習では，絵を見せて，「好きなものには，I like ~. 嫌いなものには，I don't like ~.」と絵を見て言わせれば，それで練習になります。そしてその後は，カードゲームを用い，意図的に否定文を使わせたり，あまのじゃくになって先生の言うことすべてを否定させたり，最後は，自分の好きでないものや，持っていないものなどを書かせれば定着が図れます。

1 導入 10分

❶ 3ヒントクイズ「Who am I?」で，I don't ~. の文を聞かせる。 3分　（巻末 p.114, p.115参照）

T : Let's play 3 hints game. Quiz No.1 Hint 1. I am an anime character. I am white.

C : え？　それだけ？

T : Yes! …… Five, four, three, two, one. 思いつかなかったら斜めの線を引きます。

	クイズ1	クイズ2	クイズ3	クイズ4
ヒント1				
ヒント2				
ヒント3				

クイズシート

T : Hint 2. I come from London. I have a twin sister. 双子の妹　But **I don't have any brothers.**

C : あっ，わかった。

T : Hint 3. I have a red ribbon on my head.

T : わかりましたね。じゃ，答えをみんなでせーの。

C : キティ。

T : That's right! ヒント1で当たった人？　おーすごい！　7点です。
　　ヒント2？　5点です。ヒント3？　3点。当たらなかった人？　マイナス1点です。

❷ クイズ2～クイズ4まで行い，I don't …. の文を聞かせる。 7分

　テンポよく進め，3問行い，I don't …. という文を聞かせます。

Part2-9

2 展開 15分

❶ 今日の学習を確認する。 2分

T：今日の勉強は，「否定文」です。「私は英語が好きです」は英語で？
C：I like English.
T：そうですね。これを「私は英語が好きではない」と言う時は，I と like の間に，don't を入れます。言ってみましょう。I don't like English.
C：I don't like English.

> I　　　like English.
> I **don't** like English.
> 　〜でない

❷ 口頭練習をする。 5分 （巻末p.117参照）

(1) ゲームで使う絵カードを生徒に見せながら，使う英単語を練習する。

T：Look at the pictures. Repeat after me. pen　**C**：pen
T：notebook　　　　　　　　　　　　　　　**C**：notebook
T：computer　　　　　　　　　　　　　　　**C**：computer

(2) もう一度繰り返させながら，絵カードを黒板に貼る。

T：O.K. Repeat. pen　**C**：pen（ペンの絵カードを黒板に貼る）

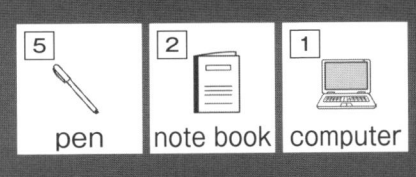

A：I don't have a pen.　Do you have a pen?
B：Yes, I do.　Here you are.

❸ ゲーム「持っていないのでください」をする。 8分 （巻末p.117参照）

T：今から絵カードを配ります。絵カードは見ないで1人5枚ずつ取ってください。今，取った絵カードはみんなの家にあるものだとします。友達とジャンケンをします。ジャンケンに勝った人は，まず I don't have a pen.（私はペンを持っていません）と言います。その後，Do you have a pen?（あなたはペンを持っていますか？）と聞いて，相手がそれを持っていたら，絵カードがもらえます。ジャンケンに勝ったら3回友達に聞くことができます。一度やってみましょう。（と言って，見本を見せる）では，始めます。Please stand up. Let's start.

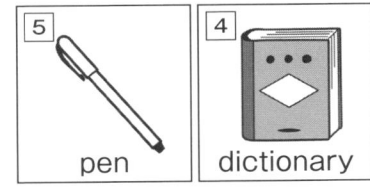

C1：Rock, scissors, paper. One, two, three. I win. I don't have a bag. Do you have a bag?
C2：Yes, I do. Here you are.

絵カード左上の数字を得点として，ポイントカードに塗らせてもよいでしょう。（巻末p.115参照）

絶対成功する！英文法指導アイデアブック 中学1年　25

3 説明 13分

❶ 文構造を理解させる。 5分　　　　　Can Do!「主語と動詞の間にdon'tを入れると否定文」

T：今日の勉強は，I don't like ～. とか，I don't have ～. のような don't の入った否定文です。1つ注意したいことがあるんですが，たいてい「私は～を持っていない」という時には，I don't have any ～s. という言い方をします。例えば，「イヌを飼っていない」なら，I don't have any dogs.（板書）となります。言ってみましょう。I don't have any dogs.

C：I don't have any dogs.

T：では，ノートに書きましょう。

一般動詞　否定文

　　I 　　　　like English.　（私は，英語が好きです）

　　I **don't** like English.　（私は，英語が好きではありません）
　　　　～しない

　　I **don't** have **any** dogs.　（私は，1匹もイヌを飼っていません）

---

❷ 口頭練習をする。 3分

T：絵を見て，否定文で言ってみましょう。

like / apples	like / English	play / tennis	play / the guitar	have / cat

T：I don't like apples.　　**C**：I don't like apples.

T：I don't like English.　　**C**：I don't like English.

その後，生徒だけで言わせたり，個人指名をしたりします。

❸ 先生問題&答え合わせをする。 5分

T：今日の勉強は，I don't ～. で「～しない」でした。では，先生問題です。日本語で言いますので，みんなは英語でノートに書きましょう。

---
①私は，サッカーは好きではありません。→ I don't like soccer.

②私は，野球をしません。→ I don't play baseball.

③私は，漫画本を1冊も持っていません。→ I don't have any comic books.

---

4 まとめ 10分

❶ 自己表現をする。 10分 （巻末 p.117参照）

T：では，自分のやることやしないこと，好きなことや好きでないこと，持っているものや持っていないものを書きましょう。

自分を紹介しよう！

☆自分のやること＆やらないこと
_____

☆自分の持っているもの＆持っていないもの
_____

☆自分がするスポーツ＆しないスポーツ
_____

まとめ用ワークシート

英文例） I like soccer.
　　　　I don't like sushi.
　　　　I have two dogs.
　　　　I don't have any video games.
　　　　I play tennis.
　　　　I don't play judo.

ここで差がつく！
指導＆教材活用のポイント

理解は一発で，定着は繰り返しの中で

これは福島県の畑中豊先生が達人セミナーで語った名言です。

「理解させる時は一発で，1回で教えます。そしてそれを定着させるためには繰り返し授業で行わなければいけません。」

例えば，今回の一般動詞の否定文ですが，like や play では，don't を付ければ問題はありませんが，ここでのポイントは have です。have の時は，don't have any ～s という形になります。否定文は don't を付けると言いながら，この have の時は，any という厄介者を付けなくてはいけないのです。そこを1回で教えちゃうのです。後付けでは，生徒は，「え？　言っていることと違うじゃん」と思うようになります。なので，文法指導は最初に無理のない範囲で，1回で教えてしまうのです。

Part 3 be 動詞の指導アイデア

10 be 動詞 肯定文

小 学校外国語活動では，How are you? --- I am happy. という文で be 動詞に触れます。そこで中学校でも be 動詞の導入を小学校英語から重ねて，How are you? --- I am happy. という形で be 動詞に慣れ親しみ，文構造への理解とつなげていきます。また，生徒の間違いで多いのは I am play ... と am が残ってしまうことです。そこで「I play tennis. の play の位置に am が入ります」と教えると，be 動詞と一般動詞が混同するという間違いを減らすことができます。小学校外国語活動で一般動詞の文を多く扱っていることに鑑み，「play のところに am が入る」と押さえておけばいいでしょう。

1 導入 8分

❶ 絵カードを見せて，体の様子を表す語を言う。 3分 （巻末 p.118参照）

T：Please repeat after me.　happy
C：happy（単語を数回繰り返させる）

❷ 文で言う。 3分

T：I am を付けて言ってみましょう。I am happy.　　**C**：I am happy.

❸ 教師の質問に絵カードで答える。 2分

T：How are you?　　　　　　　　　　　　　　**C**：I am tired.

❷ 展開 17分

❶ I am 〜. を使って「ポイントゲーム」をする。 15分

1. クラスを真ん中から2つのチームに分けます。そして2つのチームに名前を付けます。
2. 先攻後攻をジャンケンで決めます。
3. 後攻チームが How are you? と聞くと，先攻チームの生徒が手を挙げ答えます。
   例）I am happy and tired.
4. happy と tired の交差しているところのカードを裏返しします。すると数字が書いてあるのでそれがチームの得点となります。
5. 次に先攻チームが How are you? と聞くと，後攻チームの生徒が手を挙げ答えます。
6. 一度発言した生徒は2回は発言できないようにルール付けします。
7. 5秒たっても手が挙がらなかったら，相手チームに発言権が移動します。

このように交互に言っていき，お互い得点を競います。

また得点カードの中には，「×2」や「×3」「×5」というのがあり，それが出ると，それまでの得点の2倍，3倍，5倍となり，生徒は大喜びします。さらに「⟷」というカードもあり，それが出ると，チームの得点が入れ替わるので生徒は大熱狂します。

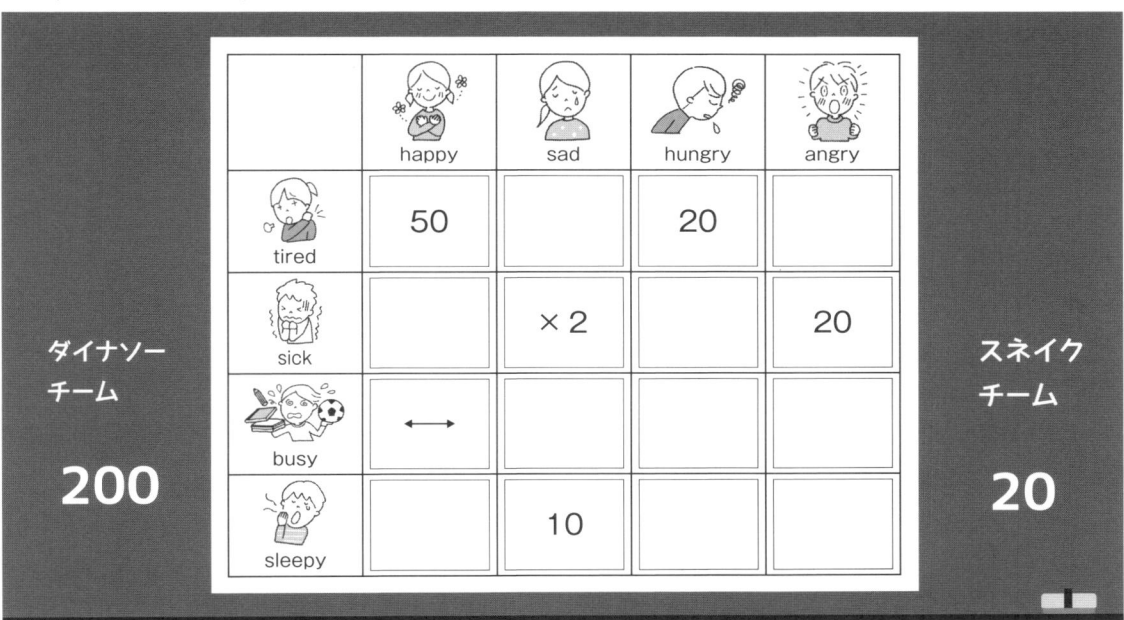

❷ 口頭練習「先生が I am 〜. と言い，生徒が You are 〜. と言う」をする。 2分

T：先生は I am 〜. と言いますので，みなさんは，You are 〜. と言います。I am happy.
C：You are happy.
T：I am sick.　**C**：You are sick.

このように相手を意識した口頭練習を行います。

3 説明 10分

❶ 文構造を理解させる。 5分

Can Do!「"私は〜です"は，I am を使う」

T：では，今日の勉強です。「私は〜です」と言う時は，play のところに am が入って，I am 〜. となります。また，「あなたは〜です」のような時は，You are 〜. と言います。play は一般的な動詞，一般動詞ですが，この am や are を be 動詞と言います。
ここでのポイントは，一般動詞と同じ位置に be 動詞が入ることです。
では，ノートに書きましょう。

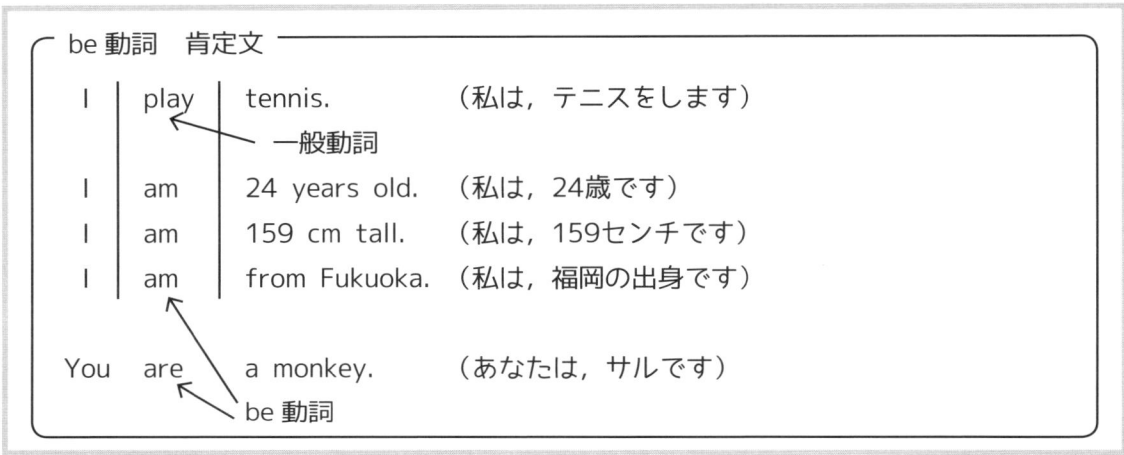

❷ 口頭練習をする。 2分

T：Repeat after me. I am 24 years old.　　C：I am 24 years old.
T：I am 159 cm tall.　　C：I am 159 cm tall.
T：I am from Fukuoka.　　C：I am from Fukuoka.
T：そう言えば24歳で身長159センチ。福岡県の出身って誰でしょう？
C：…？
T：She is an anime character. She has one brother and one sister.

❸ 絵を見て，全部，「私は〜です」と言わせる。 3分

T：絵を見せますので，すべて「私は〜です」と英語で言いましょう。
　　（ドラえもんの絵を見せる）
C：I am Doraemon.
T：（徳川家康の絵を見せる）
C：I am Tokugawa Ieyasu.
T：（キティの絵を見せる）
C：I am Hello Kitty.

4 まとめ 15分

❶ 文法のまとめ「自分を紹介する文を５文で書こう！」をする。 10分 （巻末 p.118参照）

自分を紹介する文を５文で書こう！

☆次のような語を用いて，例にならって自分を紹介する文を書きましょう。

例）Hello. I am Taku. I am a boy. I am from Hokkaido. I am small. But I am active.

- □男の子（a boy）　　□女の子（a girl）
- □中学生（a junior high school student）
- □〜の出身（from 〜）　□13歳（13 years old）　□優しい（kind）　□背が高い（tall）
- □面白い（interesting）　□素敵な（nice）　　　□幸せ（happy）　□元気（active）
- □大きい（big）　　　　□小さい（small）　　　□おとなしい（quiet）
- □サッカーの選手（a soccer player）

Hello. I am _____

_____

_____

まとめ用ワークシート

❷ 文法プリント（「すらすら英会話」等）で理解を深める。 5分

ここで差がつく！
指導＆教材活用のポイント

みなさんは，ノート指導はどのようにしていますか。ノートに書く場所を決めているでしょうか。左側には本文。その下には単語，右側に日本語訳，その下は文法のまとめ…というように書く場所を決めているでしょうか。実は，私はやったことがありません。授業をやっていると，その通りいかないことがわかっているからです。ノートのどこに何を書くかを指定してしまうと，授業で縛られてしまうんです。私の場合のノート指導とは，

①日付を書く。　　　　　　　　　②学習ページを書き，□で囲む。
③タイトル（レッスン名）を書く。　④線は定規で引く。
⑤ゆったりスペースをとって書く。

この程度で，書く場所は決めません。だからその分，生徒は自由作文を書いたり，いつでも先生問題をやるスペースがとれるのです。そもそも私の場合は，文法で練習を含めると，毎回１ページは埋まってしまいます。

Part 3　be 動詞の指導アイデア

11　be 動詞　疑問文

be 動詞の疑問文は，文構造の理解から入ります。I am ～. を復習した後に，You are ～. を導入し，その後 Are you ～? という疑問文を用い，質問の言い方と答え方に慣れ親しませるようにします。ここでは，「この教室にサルが8匹います」のゲームをしたり，「自分と同じ人を探そう」のゲームをしたり，1つの絵カードでいろいろな使い方で習熟させていきます。

1　導入　5分

❶ 復習をする。　1分

T：この間はこのような文を勉強しました。「私は幸せです。」を英語で言うとどうなるかな？
C：I am happy.
T：そうですね。では，「あなたはサルです。」は？
C：You are a monkey.
T：Good.

> I am happy.　You are happy.

❷ 練習1「あなたはサルです！」をする。　1分

T：友達に向かって，You are a monkey.（あなたはサルだ～）って，10人の人に言ったら座りましょう。Stand up. Go!
C1：You are a monkey.
C2：You are a monkey.
C3：You are a monkey.

❸ 練習2「命令ゲーム」をする。　3分

T：友達とジャンケンをします。ジャンケンに勝った人は，You are a rabbit. You are an elephant. 等と「あなたは～だ」と言います。言われた人はその真似をします。Stand up. Let's start.
C：Rock, scissors, paper. One, two, three.
C1：I win! You are an elephant.
C2：（ゾウの真似をする）
C1：Bye!
C：Rock, scissors, paper. One, two, three.
C3：You are a kangaroo.
C4：（カンガルーの真似をする）

❷ 展開 10分

❶ 「動物カードゲーム」をする。 6分 （巻末p.115, p.119参照）

T：絵カードを配ります。1人1枚ずつ取ります。見ていいと言うまでは見てはいけません。

T：Now you can look.（こっそり見てごらん）
　　その絵カードに描いてある動物は，みんなだとします。

C：げ～。

T：この教室にサルが8匹います。今から Are you a monkey?（あなたはサルですか？）と
　　聞いていって，サルを見つけます。何匹見つけられるでしょうか。Stand up. Ready go!
（2～3分後）

T：O.K. Let's go back to your seats. 5人見つけた人？（生徒は手を挙げる）
　　4人？　Three?　Two … One …… Six?　Seven?　Eight?
　　見つけた人数分，ポイントカードの○に塗ってください。

❷ 「自分と同じ人を探そう」ゲームをする。 4分 （巻末p.115, p.119参照）

T：隣の人と絵カードを取り替えます。それでは第2弾です。
　　今度は，自分と同じ人を3人見つけたら座ります。例えば自分がトラなら，Are you a
　　tiger? ですね。頑張って，自分と同じ人を3人見つけてください。Stand up. Let's go!

C：Are you a panda?
　　（3人見つかった生徒から座っていく。だいたい2～3分後，席に着くように指示を出す）

T：O.K. Go back to your seats. 3人見つかった人？　**C**：（手を挙げる）

T：2人？…1人？
　　見つけた人数分，ポイントカードの○に塗ってください。

3 説明 10分

❶ 文構造を理解させる。 2分　　　　　　　　　　Can Do!「be 動詞を前に持って来れば疑問文」

T：今日は You are ～. という文の疑問文を勉強します。「あなたはサルですか？」という疑問文にするには，are を前に持って来ればいいんです。簡単でしょ！　実はあまり使いませんが，I am ～. の疑問文も am を前に持って来れば，「私って幸せ？」という文になります。

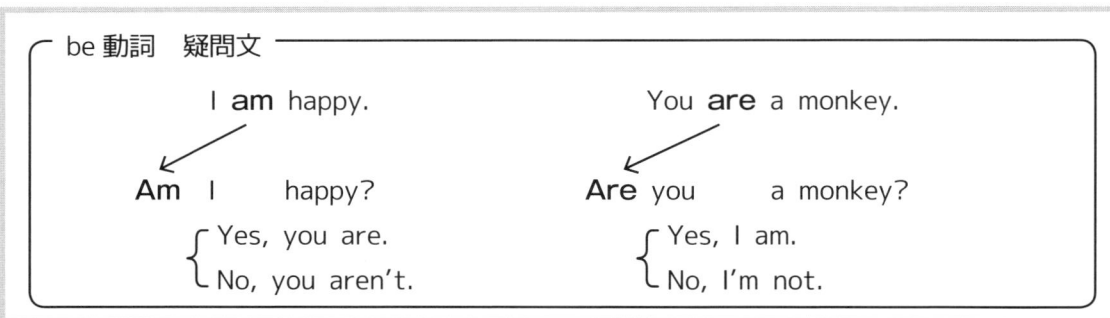

❷ 口頭練習をする。 1分

T：Repeat after me.　You are a monkey.　　C：You are a monkey.
T：Are you a monkey?　　　　　　　　　　C：Are you a monkey?
T：Yes, I am.　　　　　　　　　　　　　　C：Yes, I am.
T：No, I'm not.　　　　　　　　　　　　　C：No, I'm not.
T：立って２回，You are a monkey. から下まで言ったら座ります。
C：You are a monkey.　Are you a monkey?　Yes, I am.　No, I'm not.（２回言う）

❸ 教師がさしたところの文を言う。 1分

T：では，今度は先生が指をさしたところの文を言います。（Are you a monkey? を指さす）
C：Are you a monkey?
T：（No, I'm not. を指さす）
C：No, I'm not.

❹ ノートに写す。 3分

T：ノートに写しなさい。

❺ 先生問題＆答え合わせをする。 3分

T：先生問題を出します。黒板に書く文を疑問文しましょう。

① You are sick.　→　Are you sick?
② You are Mr.Tanaka.　→　Are you Mr.Tanaka?
③ I am a good boy.　→　Am I a good boy?

4 まとめ 15分

❶ ワークシート「Let's use it! 次のような時に，何と言いますか？」をする。 10分 （巻末 p.120参照）

Let's use it! 次のような時に，何と言いますか？

①あなたはアメリカからの友達を迎えに空港に来ています。
　すると向こうから大きなカバンを持って来た外国人がやって来ました。
　あなたの方を見てニコッとします。
　そこで一言。「**あなたはトムですか？**」
　その後のトムの返事も書きましょう。
　　あなた：(　　　　　　　　　　　　　　　　　　　　　　)
　　Tom：(　　　　　　　　　　　　　　　　　　　　　　)

②あなたは居間でテレビを見ています。お腹がすいてお菓子を食べています。
　そこにお母さんがやって来て次のように言います。「**お腹すいているの？**」
　　Mother：(　　　　　　　　　　　　　　　　　　　　　　)
　　あなた：(　　　　　　　　　　　　　　　　　　　　　　)

③教室で机に顔を当てて寝ている男の子がいます。寝不足かな？
　それとも具合が悪いのかな？　心配なので声をかけてみましょう。
　　あなた：(　　　　　　　　　　　　　　　　　　　　　　)
　　男の子：(　　　　　　　　　　　　　　　　　　　　　　)
　　あなた：(　　　　　　　　　　　　　　　　　　　　　　)
　　男の子：(　　　　　　　　　　　　　　　　　　　　　　)

まとめ用ワークシート

英文例）① Are you Tom?
　　　　　Yes, I am Tom. Hi, how are you?
　　　　② Are you hungry?
　　　　　Yes, I am.
　　　　③ Are you sleppy?
　　　　　No, I'm not.
　　　　　Are you sick?
　　　　　Yes, I am.

❷ 文法プリントで理解を確かめる。 5分

＼ここで差がつく！／
指導＆教材活用のポイント

　研究授業では「今日教えたかったことは何だったのか？」を一言で言えるようにしておくことが大事です。教えたいことはたくさんありますが，あえて１つだけ残すとしたら，何を教えたかったのかと毎回自分に問うことで授業力は向上します。

　本時では「疑問文の作り方と答え方がわかればよい」ということですので，p.34の文構造の説明の後に，先生問題を出し，理解度を確認します。その後，本時では，「次のような時に，何と言いますか？」で使える場面を設定し，文法をコミュニケーションに乗せた課題を出します。最後に，文法プリントで本時の学習内容を確認し，理解と定着につなげます。

　このように，１時間の中でも，定着向けて，繰り返し繰り返し，指導項目を重ね合わせながら，指導していくようにします。定着は繰り返しの中で…です。

Part 3　be動詞の指導アイデア

12　be動詞　否定文

　　否定文というのは，非常に導入しづらいものです。be動詞の否定文では，教師がI am ～．を使って言いながら，生徒が「え～」と思うようなことを言うことで，「～じゃないよ」と生徒に思わせることが出発点です。そして，「その思いを英語で言うと…」ともっていきます。ここでは，生徒からnotを出していますが，もし出なければ，「～でない」という時は，「You are not ～．と言います」と教えてしまいます。その後，クイズでは，消去法がとれるように，I am not a boy. I am not tall. I am not young. I am not an animal. 等と否定文を使う場面を設定しています。

1　導入　10分

❶「先生がI am ～．生徒はYou are ～．」を言う活動が否定文を生む。　7分

T：先生がI am ～．みんなはYou are ～．と言います。
　　I am a teacher.　　**C**：You are a teacher.
T：I am handsome.　　**C**：You … are not handsome.
T：I am 22 years old.　**C**：You are not 22 years old.
T：I am Kimu-taku.　　**C**：You are not Kimu-taku.

❷ クイズをする。　3分

| 波平 | ハム太郎 | わかめ | 目玉おやじ | しんのすけ | ハローキティ |
| トラ | コアラ | ワニ | ナス | 西瓜 | さくらんぼ |

T：Hint quiz. No.1 --- I am **not** big. この中にいます。
C：Not big?　大きくない？
T：Right! ……　I am **not** big. Second hint, I am **not** dangerous.
C：Not dangerous?
T：The third hint. I am **not** an animal. I am **not** old.
C：動物じゃなくて，年もとっていない。
T：I am **not** a boy. I am **not** from Japan.　　**C**：わかった！
T：Did you get it?　わかった？　The answer is …　**C**：ハローキティ。
T：That's right! It is from London.

Part3-12

②展開 15分

❶ 今日の学習を確認する。 2分

T：今日の勉強は,「～ではない」という否定文の言い方です。I am の後ろに, not を入れるだけで, 否定の意味になります。
言ってみましょう。
I am old.　　C：I am old.
T：I am not old.　C：I am not old.

```
I am       old.（私は, 年をとっている）
I am not old.（私は, 年をとっていない）
```

❷ ゲームカードを配り, 肯定・否定で言う練習をする。 3分 （巻末p.121参照）

T：5人登場人物がいます。（T：Bob　C：Bob 繰り返させる）
横は様子を表す語です。（T：big　C：big 繰り返させる）

★★★ ★★★★	big	small	sad	sleepy	hungry
Bob	○	×	○	×	○
Sally	×	×	×	○	○
Dick	×	○	×	○	×
George	○	×	×	×	○
May	×	×	○	○	×

T：○はその人の様子, ×はそうでないことを表します。例えば, Bob なら, I am big. I am not small. I am sad. I am not sleepy. I am hungry. となります。言ってみましょう。
C：I am big. I am not small. I am sad. I am not sleepy. I am hungry.

❸ やり方を説明した後, ゲームを行う。 10分

T：Bob, Sally, Dick, George, May の5人の中から1人選び, ◯をします。（生徒は◯をする）Don't show it to your friends. 人に見せてはいけません。Don't show it to your friends. Are you finished? 今から, ◯をした人物になりきって, 答えます。ジャンケンをします。ジャンケンに負けた人は, 自分の特徴を英語で2つ言います。例えば, 先生は誰でしょう。I am big. I am not small. 2人いるね…！
C：George!　T：That's right.（と言って, カードを渡しに行く）
　このように「私は～です」という文と,「私は～でない」という文を1つずつ言わせます。
　活動時間は5分間で当たったらカードがもらえます。1枚もカードがなくなってしまった人は, Please give me. と言って, カードをもらいに来させます。カード左上の★の数をポイントとして, 活動後にポイントカードの○にその数を塗らせていきます。（巻末p.115参照）

3 説明 10分

❶ 文構造を理解させる。 2分　　　　　　　**Can Do!**「be 動詞の後ろに not を入れると否定文」

T：今日は,「私は〜でない」という be 動詞の否定文の勉強です。言い方は簡単です。
　I am の後ろに, not を入れるだけです。You are の時も同じです。are の後ろに not を入れるだけです。

---
be 動詞　否定文

I am　　 big.　　　（私は大きい）

I am **not** big.　　（私は大きくない）
You are **not** young.（あなたは若くない）

---

❷ 口頭練習をする。 1分
❸ 板書を写す。 2分
❹ 先生問題を出す。 3分

T：では, 先生問題です。3つ文を書きますので, それを否定文にします。

① I am smart.
② I am old.
③ You are a monkey.

❺ 答え合わせをする。 2分

T：答えを確認します。①ここに am という be 動詞があるので, どうするんだっけ？
C：not を入れる。
T：そうだね。I … am … not … smart. となります。できた人？　赤○を付けます。
　　②は？
C：I am not old.
T：正解！　できた人？　…③は？
C：You are not a monkey.
T：Good!　3問ともできた人？
C：（手を挙げる）
T：今日の勉強, 合格です。

4 まとめ 15分

❶ 自己表現「『〜でな〜い』自分を紹介しよう！」をする。 10分 （巻末p.121参照）

「〜でな〜い」自分を紹介しよう！

☆次のような語を用いて，例にならって「そうでない自分」を紹介しよう。

例) Hello. I am Taku.（←ここだけ肯定文）
　　I am not a girl. I am not from Osaka. I am not tall.
　　I am not 12 years old.

Hello. I am _____

_____

_____

□男の子（a boy）　　□女の子（a girl）　　□中学生（a junior high school student）
□〜の出身（from 〜）　□13歳（13 years old）　□優しい（kind）　□背が高い（tall）
□面白い（interesting）　□素敵な（nice）　□幸せ（happy）　□元気（active）
□年をとっている（old）　□大きい（big）　□小さい（small）　□おとなしい（quiet）
□サッカーの選手（a soccer player）　□うるさい（noisy）

まとめ用ワークシート

❷ 文法プリント（「すらすら英会話」等）で理解を深める。 5分

\ここで差がつく！/

指導＆教材活用のポイント

　私は文法の説明をした後には，必ず練習問題を3問程度，書かせます。書くということは定着にとっては一番よいことなのです。問題の出し方もスモールステップで行います。まずは，板書した英文とほとんど似た問題を出し，2問目でちょっとだけ変化させて，3問目でさらに変化させます。練習問題のSoft landingを心がけています。

Part 4　人称代名詞の指導アイデア

13　人称代名詞 所有格

　人称代名詞の主格の指導は，絵を見せていけば，そんなに難しくはありません。男の人を見たら he，女の人なら she，物や動物なら it，動物が２匹以上の複数いたら they のように絵を見せて言わせれば，指導は簡単です。(p.14参照)
　今回は，所有格や目的格の導入アイデアです。

1　導入　6分

❶ 所有格の his の導入をする。　3分

T：Look! Who is this?
C：Suneo.
T：What's **his** name?（と言って，| his |のカードを見せ強調する）
　　　Do you know **his** name?
C：Honekawa Suneo.
T：Yes. **His** name is Honekawa Suneo. Do you know **his** brother?
C：Yes. Sunetsugu.
T：That's right. **He** is Sunetsugu. Who is this boy?
C：He is ジャイアン.
T：What is **his** name? His name is …
C：His name is Goda Takeshi.
T：That's right.

❷ 所有格の her の導入をする。　3分

T：Who is this?
C：のび太のお母さん。
T：Do you know **her** name?（と言って，| her |のカードを見せ強調する）
　　　Her name is …
C：Her name is … Nobi …
T：O.K. I'll tell you. **Her** name is Nobi Tamako.
C：へえー。

　このように，アニメネタで，意外と知っているようで知らない本名を尋ねていきながら，his と her を導入するのが一番自然でよいかと思います。

2 展開 9分

❶ 口頭練習をする。 2分

T：Repeat after me.（と言って，絵を見せながら）
　　This is Suneo.　　　　　　　　C：This is Suneo.
T：His name is Honekawa Suneo.　　C：His name is Honekawa Suneo.
T：This is Nobita's mother.　　　　C：This is Nobita's mother.
T：Her name is Nobi Tamako.　　　C：Her name is Nobi Tamako.
T：Good!

❷ 友達紹介をする。 7分

T：ペアになり，他のペアに友達を紹介していきます。Hello. This is my friend. His name is …. または Her name is …. と言って，紹介していきます。まずAさんがBさんを紹介し，BさんがAさんを紹介します。終わったら交代します。なので最初にジャンケンをして負けたペアから友達を紹介していきましょう。時間は5分くらいとりますので，できるだけたくさんの人，また先生の所にも来てくださいね。では，Stand up. Let's start.

3 説明・まとめ 2分

❶ 「彼は」の時は，he となり，「彼の」の時は，his と形が変わることを教える。 2分

T：先ほど，先生がスネオの絵を見せながら，His name is Honekawa Suneo. と言いましたが，前にならったhe が少し変化して，his となっています。he は「彼は」という意味で，his は「彼の」という意味で，使われ方が違いますね。言ってみましょう。he
C：he
T：his
C：his
T：同様に she は，「彼女は」という意味になり，「彼女の」は，her となります。

＼ここで差がつく！／

指導＆教材活用のポイント

　導入ネタの厳選には力を入れます。所有格の場合は，his と her が使われる自然な場面と今後の生徒の言語活動を考えると，私は「知っていそうで知らないアニメキャラクターの本名」を扱うことで「えー，そうなの？」と興味をもたせ，What is his name? --- His name is …. という形で導入できると考えました。今の時代は，インターネットがありますので，そこからの情報を参考にしつつ，情報の確信性を慎重に扱うことで，生徒の興味関心を引くネタを見つけることができるのではないでしょうか。

Part 4　人称代名詞の指導アイデア

14　人称代名詞　目的格

人称代名詞の目的格の指導のポイントは，だいたい使われる動詞が，know か like ということもあり，Do you know him / her? や Do you like him / her? の形で教科書も導入されているのでしょう。そこで，それらの自然な使われる場面と生徒の興味関心を高めることから，ホッチキスさんを登場させることにしました。

以下，アイデアです。

1　導入　10分

❶ 目的格の him の導入（ホッチキスさんから）をする。 2分

T：Look at this! Do you know **him**?（と言って，ホッチキスさんの写真を見せる）

C：I don't know.

T：I know **him**. He is American. It is said that he invented（と言って，ホッチキスの絵を見せる）ホッチキス. What is his name?

C：I don't know.

C：Hotchkiss.

T：Yes! His name is Mr. Benjyamin Hotchkiss. ちなみに，ホッチキス（東北の一部ではジョイント）は，英語では，stapler と言います。

❷ 同じ流れで第2問，第3問をする。 6分

T：Then, do you know him? He is a German. He invented レントゲン.

C：レントゲン。

T：Right. How about him? He made a Toyota Company. What's his name?

C：His name is Toyota.

T：おしい！　Close. His name is Toyo**da**.

このように，創設者と会社名，商品名が同じものを導入することで，第2問以降，答えを予測することができます。

❸ 目的格の her の導入をする。 2分

T：Who is this? Do you know her?

C：Yes, she is 清少納言.

T：Yes. She is 清…少納言.

42

2 展開 5分

❶ インタビュー活動「この人知っている？」をする。 5分

T：今から，ある人物写真や絵を配ります。教室中，歩き回りながら，Do you know him? 男ならですね… Do you know him? と言いながら聞いていきます。知っていたら，I know him. His name is …. と言います。知らなかったら，Sorry, I don't know him. と言います。できるだけフルネームで言ってください。何人の人が知っていたか調査してください。
では，いきます。Stand up. Let's start.

生徒には，「徳川家康」「明智光秀」「聖徳太子」「清少納言」「オバマ大統領」「クレヨンしんちゃん」「のび太」「峰不二子」「アナと雪の女王のエルサ」「わかめちゃん」「ひまわり」などの絵や写真を１人１枚ずつ配っておきます。

3 説明・まとめ 5分

❶ 「彼を・彼に」の時は，him，「彼女を・彼女に」という時は，her となることを教える。 5分

T：今までに，「彼は」というのを he，「彼の」は his ということを学んできました。今日は，「彼を・彼に」という表現である him を，また，「彼女を・彼女に」は，her を使うことを学びました。ちょっと黒板にまとめますね。

人称代名詞の変化

	～は	～の	～を・～に
彼	he	his	him
彼女	she	her	her

ここで差がつく！

指導＆教材活用のポイント

発明者は，男性が多いのですが，オセロゲームは，長谷川五郎氏が発明したり，BRIDGESTONE の会社を興した石橋氏（名前を英語で逆にして会社名にした）を取り上げたりしながら，生徒の「ヘー」を引き出すよう，ネタ開発を工夫します。また，大事なのは言語の使用場面です。言語はコミュニケーションですから，どんな場面で，どんなふうに文法事項が使われるか研究し，自然な場面で会話活動をさせていきたいですね。

Part 5 疑問詞の指導アイデア

15 疑問詞 what　What ...?

what は生徒にもなじみがあり，小学校外国語活動で，What's this?　What do you want?　What do you like?　What would you like? などで一応は慣れ親しんできています。

だから正直 what に関しては導入などなしで，いきなり活動をしてもいいくらいなのです。

さて，中学校での目標は「覚えこませ」「定着させる」ことです。疑問詞の Can Do は3つです。1つ目は，What's this? とその答え方。2つ目は，What do you 〜? の疑問文。そして3つ目に，What 〜 do you like? のような What+名詞で始まる疑問文と，その語順です。

Part 5 では導入アイデアと展開・説明アイデアを紹介していきます。

1 導入　5分

❶ スキットでの導入をする。　3分　（巻末p.122参照）

導入方法は，単調にならずいろいろな方法で導入できるとよいです。今回のようなスキットを用いて，ALTとスキットを演じターゲット文を何度も聞かせることで導入にもなります。また，私がスキットを作る時は，必ず前後にオチがくるようにしています。

スキット

Shopkeeper : Hi, may I help you?
　　　　　　What do you want?
Customer : I want a cap.
Shopkeeper : **What color** do you like?
Customer : I like pink.
Shopkeeper : Pink? We don't have pink. We have brown, white and black. What color do you like?
Customer : O.K. I like brown.
Shopkeeper : Hey, this is it.
Customer : Excuse me. **What's this?**
Shopkeeper : It's a cat.
Customer : No. I want a cap.
Shopkeeper : A cat?
Customer : No. A cap.

スキットシート

❷ スキットの解説をする。　2分

T：今，3つの What が出てきましたね。1つ目は，What do you want? 何が欲しい？っていう文。これは小学校でもやったと思います。2つ目は，What color do you like? 何色が好き，3つ目が，What's this?　これは何？という文です。帽子を買いに来たのに，ネコが出てきてしまいましたね。cap と cat。はっきりと言わないと間違ってしまいますね。

❷ 説明 10分

❶ 3つの What を整理して提示する。 5分

T：今日の勉強は，what の疑問詞です。これは「何」という意味で，たいてい文の最初に付きます。小学校の時に，よく耳にしていた表現だと思いますが，黒板にまとめてみますね。

```
疑問詞  what  what ...?
    What do you want?         --- I want 〜.
    What color do you like?   --- I like 〜.
    What's this?              --- It's 〜.
```

T：1つ目の文は，What do you want? で「あなたは何が欲しいですか？」という文です。例えば，What do you want for your birthday? は「誕生日何が欲しい？」となりますし，What do you want for Christmas? なら，「クリスマスに何が欲しい？」となります。2つ目の文は，What color do you like? のような文です。ここの color に sports が入れば，What sports do you like? となり，「どんなスポーツが好きですか？」という意味になります。3つ目の文は，What's this? です。答える時は It's で始めます。

❷ 口頭練習をする。 3分

教師の後に繰り返すなど，言い方を練習します。

❸ インタビュー活動をする。 2分

T：今，友達が欲しいものを英語で尋ねます。1分間で何人とできるかやってみましょう。

ここで差がつく！
指導＆教材活用のポイント

インタビュー活動では，私の場合は，短い時間でインタビューさせ，その後，「では，誰が何が欲しかったのか思い出して，下線に埋めていこう。何人思い出せるかな？」という形で行います。

```
ワークシート例      例) Hiroshi  wants  money.
    ①  _____  wants  _____
    ②  _____  wants  _____
```

これがいわゆる「報告」になります。よく紙と鉛筆を持って尋ね歩き，What do you want? I want a computer.（と言って，紙にメモする）また，What do you want? と尋ね，I want a racket.（と言って，紙にメモする）というようにやっていくと，なんとなく会話が中断されてしまう違和感を感じるのです。

Part 5 疑問詞の指導アイデア

16 疑問詞 when　When ...?

when は，かろうじて小学校6年生で，When is your birthday? で学習します。しかし，この when はなかなか定着度が低い疑問詞です。ただ小学校外国語活動でやってきていることを鑑み，導入としては，誕生日から入り，日本や海外の行事や祝日などに幅を広げていくのもいいでしょう。また，when は　When do you ...? という文型もあるので，同時に導入していきましょう。

1 導入　15分

❶ 「アニメの登場人物にも誕生日があるの？」を考える。　10分　（巻末 p.122参照）

T：My birthday is January 19th.
　　When is your birthday?
C：My birthday is July 21st.
T：This is Doraemon.
　　When is Doraemon's birthday?
C：September 3rd.
T：よく知っていたね～。
　　Then when is Nobita's birthday?
C：I don't know.
T：O.K. Please guess when their birthdays are.
　　（と言って，ゲームカードを配る）

When is ○○'s birthday?

のび太　●	●　January 24th
ドラミ　●	●　June 15th
ジャイアン　●	●　August 7th
ミニドラ　●	●　December 2nd
のび助　●	●　December 25th

ゲームカード

❷ 答え合わせをする。　5分

T：When is Nobita's birthday?
C：It's August 7th.
T：Right.

　同様に答え合わせしていきます。以下，ドラミ（December 2nd），ジャイアン（June 15th），ミニドラ（December 25th），のび助（January 24th）となります。

2 説明 12分

❶ 2つの when の使い方を整理して提示する。 5分

T：今日の勉強は，when の疑問詞です。これは「いつ」という意味で，たいてい文の最初に付きます。小学校では，6年生で When is your birthday? を学習したと思います。

疑問詞　when　When …?

When is your birthday?　　--- My birthday is ….
When do you take a bath? --- I take a bath after dinner.

T：When is your birthday? は「あなたの誕生日はいつですか？」という文でしたね。これを When do you ～? と聞くと「あなたはいつ～しますか？」という意味になります。例えば，When do you take a bath? となると「いつお風呂に入るの？」という意味です。そして，I take a bath after dinner. と言うと，「私は夕食後に入ります」という意味になります。

❷ 口頭練習をする。 2分

T：Repeat after me.（と言って，黒板を指さしながら）When is your birthday?
C：When is your birthday?

❸ インタビュー活動をする。 5分

T：塾に行っている友達もいますね。今から，Do you go to juku? と聞き，Yes. なら，When do you go to juku? と聞いてみましょう。また，夜に剣道や柔道，空手またはピアノなどをやっている人にも，Do you play kendo? のように聞き，Yes. なら，When do you play kendo? のように，いつやるのかを聞いていきましょう。

A：Do you go to juku?
B：Yes, I do.
A：When do you go to juku?
B：I go to juku on Monday and Thursday.

＼ここで差がつく！／
指導＆教材活用のポイント

生徒は意外と日本の行事，海外の行事，日本の祝日などを知りません。When is your school birthday? や，When is Marine Day? When is Mountain Day? など日本の行事や祝日などを英語通信などでクイズに出してあげてもいいでしょう。

Part 5 疑問詞の指導アイデア

17 疑問詞 where　Where …?

where は，小学校6年生で「道案内」(Where is the station?)や「行きたい国」(Where do you want to go?)で扱っています。教科書では，Where is 〜?という形で前置詞とともに学習する形での導入が主となっています。ここでは，Where is 〜? と Where do you 〜? の2つを導入し，活用しながら，身に付けるようにしていきます。

1 導入 10分

❶ 世界遺産の写真を見せながら，where の導入を行う。 3分

(1) オーストラリアの世界遺産　1分

T：What's this?　　　　　　　　　　　　　　　**C**：エアーズロック。

T：Yes! It's Ayers Rock. Where is Ayers Rock?　**C**：Australia.

T：Right. It's in Australia. Repeat.　　　　　　**C**：It's in Australia.

(2) エジプトの世界遺産　1分

T：Then, what's this?　　　　　　　　　　　　**C**：Pyramid.

T：Yes, it's a pyramid. Where is the pyramid?　**C**：It's in Egypt.

(3) 日本の世界遺産　1分

T：What's this?　　　　**C**：It's Mt. Fuji.

T：Where is Mt. Fuji?　**C**：It's in Yamanashi? Shizuoka?

❷ Google Earth を見せながら，どこに住んでいるか尋ねる。 7分

(1) Where do you live?　5分

T：Let's look at Ogano-machi from the sky.

　　（と言って，Google Earth で住んでいる町を空から見る）

　　Where is Ogano Junior High School? Let's see.

C：わ〜。

T：みんなはどこに住んでいるの？　Where do you live?

C：I live in Nagura.

T：Let's go to see Nagura.

　　このように言って，生徒の住んでいる所を尋ねながら空から見ていきます。

(2) Where do you want to go?　2分

　　小学校で「行きたい国」についてやっているので尋ね，Google Earth で表示します。

❷ 説明 15分

❶ where の意味を確認する。 3分

T：今日の勉強は，where の疑問詞です。これは「どこ」という意味で，たいてい文の最初に付きます。小学校では，6年生で場所を尋ねる Where is the station?，「どこに行きたい？」という表現 Where do you want to go? を習ったよね。言ってみましょう。Where

C：Where（あと1回繰り返させる）

❷ まとめる。 5分

```
疑問詞  where  Where …?
    Where is ～?      （～はどこにありますか）
    Where do you ～?  （あなたはどこで（に）～しますか）
```

T：「駅はどこですか？」と言う時は，どうなる？　C：Where is a station?
T：そうですね。では，「あなたはどこで勉強しますか？」ならどうなりますか。
C：Where do you study?　　　　　　　　T：そうですね。ノートに写しましょう。

❸ 先生問題&答え合わせをする。 7分

T：先生問題です。先生が日本語で言いますので，みんなは英語でノートに書きましょう。

①あなたの家は，どこですか。→ Where is your house?
②あなたの出身は，どこですか。→ Where are you from?
③あなたは，どこに住んでいますか。→ Where do you live?

ここで差がつく！
指導&教材活用のポイント

　英語の力をつけるのは，知識に加え，技能です。知識はなくてはいけないのですが，その知識をどうやって使うのか，どうやって活用していくのかの方法を教えることです。教えたら，あとは繰り返すのみです。例えば，Where の疑問詞では，本時のような導入・説明を行った後には，次のようなQ&Aを与えます。私はこの活動を「すらすら英会話」と称して，生徒の活用力につなげる活動として行っています。

〈すらすら英会話〉
　① Where in Saitama do you live?　　I live in Chichibu, Saitama.
　② Where do you study?　　　　　　 I study in the living room.
　③ Where is my desk?　　　　　　　 It's here.

Part 5 疑問詞の指導アイデア

18 疑問詞 how How many ...?

how という疑問詞は，教科書的には，How many ...? で導入されていることが多い形となっています。小学校外国語活動でも，5年生で How many apples? と言う形で尋ね合うコミュニケーション活動は行っています。しかし，How many apples do you have? のようにきちんとした文の形では扱ってきてはいません。そこで，中学校では，How many apples do you have? という主語，動詞の入ったきちんとした文を扱うことを生徒に伝え，活用できるようにしていきたいものです。

導入は，How many ...? から入り，How many ～ do you have? まで提示していきたいです。

1 導入 15分

❶「How many people can you see?」を考える。 15分 （巻末 p.122参照）

T：Look at this picture. How many people can you see?
C：One, two, three, four, five, six ...... fourteen.

不思議な絵

T：Yes, fourteen people are here. But look carefully. よ～く見ててね。
　上のAとBの2つを入れ替えます。
T：How many people can you see? Please count them.

C：え!? 1人増えている。
（実際に一人一人に絵を配ってもよい）

2 説明　10分

❶ How many ～s do you have? の形を中学では勉強することを伝える。　2分

T：今日の勉強は，How many …? を使った文です。これは「いくつ」という意味で，たいてい文の最初に付きます。小学校では，5年生の時に，How many apples? で習ったと思います。中学では，How many apples **do you have**? という形で，「あなたはいくつ持っていますか？」という文で学習します。言ってみましょう。How many apples do you have?

C：How many apples do you have?　（あと1回繰り返させる）

❷ まとめる。　3分

T：how 自体は，「どのくらい」「どうやって」「どう？」という意味で，how many は「どのくらいたくさんの」となり，「いくつ」という数を尋ねる時の言い方になるんですね。

疑問詞　how「どのくらい・どうやって・どう？」

　　　How many dogs do you have?
　　　　--- I have two dogs.
　　　　--- I have no dogs.
　　　　--- I have many dogs.

---

❸ インタビュー活動「4ケタの数字が君を語る」をする。　5分

B5判の半分の用紙を配り，自由に4ケタの数字を書くように指示します。

T：この4ケタの数字はみんなの将来を占います。
　最初の数字は，将来みんなが持つ家の数です。
　（生徒から「え～」の声）
　2番目の数字は，将来飼うであろうイヌの数です。
　3番目の数字は，台所にいるネズミの数です。
　最後の数字は，将来持つ子どもの数です。

　　　　　　　　　　　　　　　　　　　　４５９２

　今から友達に How many houses do you have? のように聞いていき，自分と同じ数の人を見つけたら，数字に○をしていきます。全部○ができたら，席に戻りましょう。

ここで差がつく！

指導＆教材活用のポイント

授業には"遊び"が必要です。生徒を楽しませ，わくわくさせる遊びは，英語の授業では大切です。紙を配り，4ケタの数字を書いた後，「この4ケタがみんなの将来を語ります」と言うと，生徒は「え～」となります。この「え～」というのが活動を楽しくさせます。これを意外性の原則と言います。いかに生徒の期待を裏切るか…です。

Part 5 疑問詞の指導アイデア

19 疑問詞 whose　Whose …?

whose という疑問詞は，比較的ネタの選定には困らないものです。写真の一部を切り取り，Whose eyes are these?（これは誰の目ですか？）や Whose cup is this?（これは誰のコップですか？）とか，写真を活用すれば，簡単に導入できます。ただ難点は，Whose cup is this? と Whose is this cup? の違いを生徒に理解させておくことです。2通りの言い方があるということを理解させます。

1 導入　10分

❶ 先生方の車の写真を見せて，誰の車か尋ねる。　5分

T：I'll show you some pictures. Whose car is this?
C：あ！　谷口先生の車だ！
T：In English.
C：Mr. Taniguchi's car.
T：Yes. It's Mr. Taniguchi's car. How about this? Whose car is this?
C：It's Ms. Keiko's car.

　このように車の写真を見せるだけで，Whose car is this? が導入できます。朝，先生方の車の写真を撮り，パソコンからカラーで印刷すれば，授業ですぐに使えます。

❷ 身近なものを見せて，Whose ～ is this? と問う。　5分

T：This is a picture of a cup. Do you know? Whose cup is this?
C：It is Yutaka's cup.
T：That's right. Nice cup. Whose cup is this?
C：It's Ryoichi's.
T：Whose desk is this?
C：わ～，汚い～。
T：自分のだという人は，It's mine. と言います。
C：It's mine.
T：Whose shoes are these?
C：It's mine.
T：2つあるので，They are mine. となります。

　このように，写真で導入すれば，比較的難しくなく導入できます。

2 説明 10分

❶ Whose ～ is this? と Whose is this ～? の2つの形があることを伝える。 5分

T：今日の勉強は，whose という疑問詞です。使い方は2つあります。1つは，Whose car is this? というパターンと，もう1つは，Whose is this car? というパターンです。Whose car is this? は，「これは誰の車ですか？」という意味で，Whose is this car? は，「この車は誰のですか？」という意味になります。答え方は自分のなら，It's mine. と言います。君のなら，It's yours. ケンのなら，It's Ken's. となります。

```
疑問詞  whose「誰の・誰のもの」

     Whose car is this?        Whose is this car?
     誰の車                    誰のもの
        --- It's mine.
        --- It's yours.
        --- It's Ken's.
```

❷ ドラえもんの絵を描いて，Whose Doraemon is this? と問う。 5分

B5判の半分の用紙を配り，ドラえもんの絵を描かせます。（描く時間は1分）

T：The back students, collect the pictures.
（後ろから紙を集めてくる。集められたものをシャッフルする）

T：I'll give you these pictures. But don't look at the paper.（紙を配る）
では，こそっと見ます。（生徒は見る）今から，Whose Doraemon is this? という質問をしていきます。自分のでなければ，It's not mine. と言い，自分のあれば，It's mine. と言います。もし，誰のかわかっていたら，It's ～'s. と言って，教えてあげてください。持ち主が見つかったら，その人にドラえもんの絵を返してあげてください。

> **ここで差がつく！**
>
> ### 指導&教材活用のポイント
>
> デジタルカメラの普及から，英語の授業でも写真の扱いが簡単になってきました。行事等では，生徒の写真を記録としてとっておくことが多いと思います。その写真を使えば，英語の授業で活用できます。例えば，パソコンのペイント機能を使って，一部分を切り抜くことも簡単にできます。その逆で，一部分だけ隠すこともできます。
>
> これからの英語授業では，3つのことが必要であると考えています。1つ目は，小学校外国語活動，2つ目は，ICTの活用，そして3つ目は，特別支援教育の視点です。この3つはこれからの英語指導において必然となるでしょう。

● Part 5　疑問詞の指導アイデア

20　疑問詞 what　What time ...?

What time ...? は，小学校外国語活動で6年生で学習します。What time ...? では，What time is it? と What time do you get up? などの2種類を確認します。そして，What time is it? の時は，It's .... で答え，What time do you get up? 等の時は，I get up at ～. と，主語・動詞で始めるということを教えなくてはいけません。そこが What time ...? の Can Do になります。

1　導入　10分

❶　時刻の言い方を確認する。　1分

T：What time is it? 今，何時？　What time is it?
C：It's 10:30.
T：Good.　It's 10:30.　Repeat.　It's 10:30.
C：It's 10:30.

❷　いろいろな時刻を言う。　3分

T：では，先生が黒板に時刻を書きますので，先生が，What time is it? と聞いたら，何時か答えてください。

　黒板に10：45と書き，生徒は，It's ten forty-five. と言ってきます。10回くらいやっていくのですが，単調だと飽きるので，途中で「2時2分」「7時11分」「10時10分」など言わせると，クスっと笑いが出ます。変化が生まれます。また「3時50分」と「3時15分」など言い方が似ているものがしっかり区別して言えているかどうか確認しながら行います。

❸　絵を見せて，「何時に～する」の質問のやりとりを行う。　6分

T：（起きる様子を表す絵を見せて）みんなに質問するよ。What time do you get up?
C：I get up at 6:30.
T：Good.（学校に行く絵を見せて）What time do you go to school?
C：I go to school at 8:10.
T：（家に帰る絵を見せて）What time do you go home?
C：I go home at 6:20.
T：（夕食を食べる絵を見せて）What time do you eat dinner?
C：I eat dinner at 7:20.

　このように，絵を利用して，何時に～するのかを言わせていきます。もちろん最後は，「何時に寝るのか」を尋ねて終えるようにします。

❷ 説明 8分

❶ What time is it? と What time do you ...? の2つの形があることを伝える。 3分

T：今日の勉強は，小学校でもやったと思いますが，What time ...? という疑問詞です。2つの形を覚えてもらいたいのですが，1つは「時刻」を尋ねる言い方（What time is it?）と，もう1つは，「何時に何をするのか」を尋ねる言い方（What time do you ...?）です。

```
疑問詞 what   What time ...?「何時？」

    What time is it?
        --- It's 10:30.
    What time do you get up?
        --- I get up at 6:00.
```

❷ 時刻カードを1人1枚ずつ配り，自分と同じ時刻の人を探す。 2分 （巻末p.123参照）

T：時刻カードを配ります。今から，自分と同じ時刻の人を3人以上見つけてみましょう。ただし，時刻カードは見せないで行います。どうしても見つからなかったら，先生にも聞いてください。時間は2分くらいとります。Stand up. Let's start.

生徒は教室を歩き回り，What time is it? --- It's 10:20. のように尋ね歩きます。およそ2分後，席に着かせます。

T：3人見つかった人？ 2人？ 1人？ 4人？ 5人？

❸ 隣の人と時刻カードを取り替える。 3分

T：今，配った時刻カードに書いてある時刻は，みんなが朝，起きる時間です。自分と同じ時刻に起きる人を何人見つけられるでしょうか。使う英語は，What time do you get up? です。では，Stand up. Let's start.

このように，口慣らしを簡単なゲーム活動を通して行います。

ここで差がつく！

指導&教材活用のポイント

生徒に英語ゲームをします。この時，教師の方で押さえておかなくてはいけないことは，英語ゲームは「遊びである」ということです。遊びなので，楽しくなくてはいけません。時には，英語を使わずに日本語でやってしまう生徒もいるでしょう。そんな生徒を見かけたら，その子と1回でもいいから，英語でゲームをやってみましょう。What time do you geu up? --- I get up at ... 5:10. と1回でも言えたら，すごいことではないでしょうか。やっていない子には，教師の方から近づいて行って，話しかければいいのです。

Part 5　疑問詞の指導アイデア

21　疑問詞 which　Which ...?

which は「どっち」ということで，日本語に音が似ている疑問詞です。教科書では，Which do you want, A or B? や Which is yours? のような形で導入されています。この場合，普通に導入してはつまらないです。どのような導入が生徒を引き付けるのか…，どのような導入なら，本時の学習の理解へとつなげられるのか…ということを考えることが大切です。例えば，「波平」と「海平」を見せて，Which is Namihei? と質問したり，「まる子」と姉の「さきこ」の下半分を隠し，Which is Maruko? と見せたりすれば，生徒の「え？」が引き出せ，引き付けることができるのではないでしょうか。

1　導入　10分

❶　波平と海平の絵を見せて問う。　3分

- **T**：Look at these pictures. They are characters of Sazaesan. I want to ask you. "Which is Namihei?" The right one? Or the left one?
- **C**：The right one.
- **T**：Why?
- **C**：Namihei … three hair.
- **T**：How about Umihei?
- **C**：One hair.
- **T**：That's right.

❷　まる子とさきこの上半分の絵を見せて問う。　2分

- **T**：O.K. How about Maruko and Sakiko. Sakiko is Maruko's sister. Which is Maruko?
- **C**：I don't know.
- **T**：O.K. I will show you more.

　このように言って，もう少し見せていきます。
　実際は，まる子の頭の形はとがっていて，さきこは丸くなっていることと，ほっぺまで見せると，赤いほっぺがまる子となります。

まる子の絵	さきこの絵

❸　その他の似たものを比較して，見せる。　5分

　このように似たものを見せて，「どっちがどっち」という英文ではアニメが使えます。例えば，カツオとタラちゃんの後ろから見た姿はとても似ています。国旗でもオーストラリアとニュージーランドは似ています。Ideas are around us. まさにアイデアは身の回りにあります。

❷ 説明 15分

❶ Which is 〜? と Which do you ...? の2つの形があることを伝える。 5分

T：今日の勉強は，「どっち」という言い方です。英語ではどっちを何て言うかな？
C：which
T：そうですね。どっちがwhich。なんとなく似ていますね。言ってみましょう。どっちがwhich
C：どっちがwhich
T：これは2つの使い方があって，1つは「どっちが〜なの？」というWhich is 〜? ともう1つが，Which do you want, A or B? の「AとBのどっちが欲しいの？」という形です。

```
疑問詞  which  Which ...?「どっち？」

  Which is Namihei?          Which do you want, apples or bananas?
   --- This one is.           --- I want bananas.
```

❷ 「果物占い」をする。 10分

トーナメント表を配り，生徒にペアで一番欲しい果物を選ばせます。終わったら，「果物占い」をするアクティビティです。（参照『授業を100倍面白くする！中学校英文法パズル＆クイズ』p.79）

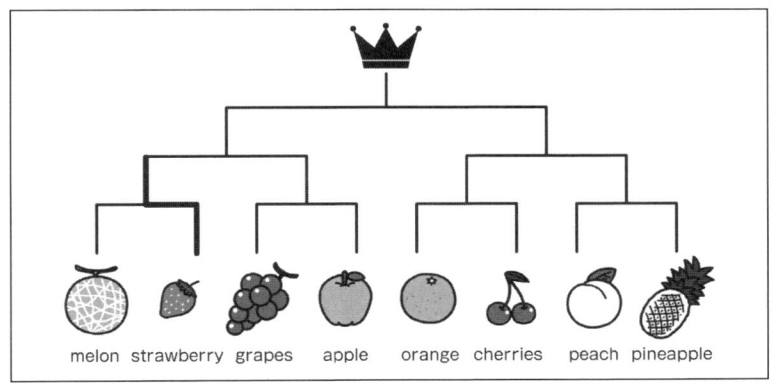

melon strawberry grapes apple orange cherries peach pineapple

ここで差がつく！
指導＆教材活用のポイント

アクティビティは，それ自体が面白いのは当然ですが，終わった後の楽しみがあってもいいのではないでしょうか。私が時々やる手が，「〇〇占い」というものです。「色占い」や「動物占い」「果物占い」などネタを集め，生徒に投げかけます。今回の果物占いは，オレンジ…温かい所で育つので心の温かい人。リンゴは寒い所で育つので，耐える人。桃は少しお尻の形に似ているので，エッチな人。ぶどうは1つの房にたくさんの実がなるので，欲張りなんだそうです…。このように占いの結果を伝えると大盛り上がりです。

Part 6　3人称単数現在形（3単現）の指導アイデア

22　3単現　肯定文

3人称単数現在形の導入は，一般的ではありますが，生徒に質問し，その中で，Takeshi likes soccer. のように提示していきます。この時，`likes`というカードを用意します。もちろん裏には，原形の`like`の文字があります。最初，What sports do you like, Takeshi? と聞いた時には，`like`の文字を見せ，その後，Takeshi likes soccer. でそのカードを裏返し，`likes`と見せ，強調するのです。こうやって，plays, has, lives などの語を導入し，s が付いていることに気づかせます。

1　導入　10分

❶「人名」の時に，動詞に s が付く。　4分

すらすら英会話の延長で，生徒に質問をしていきます。

T：Do you play tennis, Yuki?
C1：Yes, I do.
T：O.K. **Yuki plays** tennis.（と，`plays`のカードを見せながら，みんなの方に向かって言う）
　　What sports do you play, Takeshi?
C2：I play judo.
T：Oh, **Takeshi plays** judo.

❷ 主語が「he / she」の時に，動詞に s が付く。　3分

T：What Japanese food do you like, Miyuki?
C3：I like yakisoba.
T：Oh, **she likes** yakisoba.（と言って，`likes`のカードを見せる）
　　Do you have any pets, Taku?
C4：Yes, I do.
T：What pets do you have?
C4：I have two cats.
T：Everyone, **he has** ... two cats.（と言って，`has`のカードを見せる）

❸ 主語が「it」の時に，動詞に s が付く。　3分

T：Look at this animal. Where does it live?
C：Australia.
T：Yes. **It lives** in Australia.（と言って，`lives`のカードを見せる）
　　It has a pocket. **It jumps**.

2 展開 15分

❶ 今日の勉強を確認する。 2分

T：今，Yuki plays とか（ plays のカードを見せる），She likes（ likes のカードを見せる），または he has（ has のカードを見せる）のように，s の付いた形で言いました。今日は，主語が he とか she の時には，動詞に s が付く勉強をします。

Yuki play**s** tennis.
Takeshi play**s** judo.
 　　　　　　　　　 ｝人の名前が主語

She like**s** yakisoba.
He ha**s** two dogs.
It live**s** in Australia.
 　　　　　　　　　 ｝He / She / It が主語

---

❷ 「動物クイズ」をする。 5分 （巻末 p.119 参照）

絵カードを見せ，動物を当てます。

(1) 第1問

T：This is an animal. It **lives** in the mountain.
　　It **climbs** a tree. It **likes** bananas.

C：Monkey!

T：Yes, it is.

(2) 第2問

T：This is an animal. It **has** a big mouth.
　　It **has** two small ears.
　　It is big and heavy. It **lives** in water.

(3) 第3問

T：This is a bird. It flies. It **talks**.

C：話す？　あれか？　It's a parrot.

T：Good guess.

❸ ペアでクイズを出し合う。 8分

T：Make pairs and play janken. Losers, stand up. 立った人は今から英語で動物を説明します。例えば It flies.「飛びます。」とか，It lives in 〜.「〜にいます。」とか使っていきます。その他の英語でももちろん構いません。色や大きさについて言っても構いません。

とにかく当てられれば OK です。1 分間に，何個当てられるか競います。

Are you ready? Let's start.

It flies.
It lives in ....
It has ....
It likes ....

3 説明 10分

❶ 文構造を理解させる。 5分　　　　　　　　**Can Do!**「主語が3人称単数の時は，動詞にsが付く」

T：今日の勉強は，主語が3人称の単数の時に，動詞にsが付くという勉強です。普通，I とか，you ならば，like なら，I like .... You like .... となりますが，主語が3人称の単数，例えば，he とか she，また，Kenji のように人の名前で1人の場合，likes となります。ノートに書いてみましょう。

┌─ 3単現　肯定文 ─────────────────────────────┐
│　　I　play　tennis.
│　　He play**s** tennis.
└───┘

　　　　主語が　he　she　it　また，人の名前の時，動詞に s を付ける。
〈 s の付け方〉
　①そのまま付ける。　like → likes
　②y で終わっている単語は，y を i に変えて es を付ける。
　　　study → studies　　例外：play → plays
　③s, ss, x, sh, ch, th, で終わる単語は，es を付ける。
　　　watch → watches　　wash → washes
　④形の変わる動詞　　have → has

❷ 先生問題 & 答え合わせをする。 5分

T：では，先生が日本語で言うので，みんなは英語でノートに書きましょう。

　①彼は，サッカーが好きです。
　②彼女は，日本語を話します。
　③ルーシーは，大きなイヌを飼っています。

　生徒は，ノートに書きます。数分後，答え合わせをします。① He likes soccer. と確認したら，「できた人？」と聞きます。続いて，② She speaks Japanese. となり，speaks というように，s が付いているか，確認します。最後の③は，have の形が has に変わることを確認しながら，答え③ Lucy has a big dog. を黒板に書き，○付けをさせます。

T：全部できた人？（生徒は手を挙げる）今日は，主語が he she it または人の名前の時には，s が付くということを覚えておいてください。

④ まとめ 20分

❶ 友達紹介をする。 13分　（巻末p.124参照）

T：では，友達紹介文を書きます。今日習った3単現を使って，紹介します。まず最初に，Hello. This is my friend. と書きます。次に，男の子なら，His name is …. 女の子なら，Her name is …. とその子の名前をローマ字で書きます。その後，He …. He …. He …. か，She …. She …. She …. と3つ何かその友達について紹介します。

友達を紹介しよう！

☆友達を英語で紹介しよう。

Hello. This is my friend. _____

_____

_____

_____

_____

まとめ用ワークシート

英文例）He plays the piano.　He has comic books.　He lives in Minami-ku. そして最後に Thank you. と書けば友達紹介文は完成です。He / She …. He / She …. He / She …. のところは，4つ以上書いてもいいです。

❷ 生徒作文を集める。 2分

❸ まとめプリントを渡し，本時の学習内容の理解と定着を図る。 5分

\ここで差がつく！/

指導&教材活用のポイント

　文法指導の大まかな流れは，「導入」→「展開」→「まとめ」→「活用」となります。最後の「活用」の場面は，その日の授業中になる場合もあれば，数時間後の授業になることも考えられます。その「まとめ」で活用できる学習プリントが，「すらすら英文法」です。「すらすら」と付いているくらいですので，そこに出ている問題程度は，すらすらとできなくてはいけません。また，そのプリントの一番最初に文法知識のCan Doがありますので，「今日の勉強でしっかり身に付けなくてはいけないことは，ここだよ！」というものを示しています。そこが，この学習プリントの大きな特徴にもなっています。

Part 6　3人称単数現在形（3単現）の指導アイデア

23　3単現 疑問文

3単現の疑問文の導入では，どうしても Does ～? を聞かせなくてはいけないということから，3ヒントクイズにおいて，ALT と Team-Teaching をするという形を想定します。

1 導入　8分

❶ ALT との Teacher's talk をする。　2分

JTE：今から Angie さんと英語で話をしますので，よく聞いておいてください。
　　　Angie sensei, what sports do you like?
ALT：I like sumo.
JTE：Do you play sumo?
ALT：No, I don't. I like watching sumo.
JTE：Do you study Japanese?
ALT：Yes, I do. I go to Japanese school on Monday and Friday.
JTE：So you speak Japanese well.
ALT：Thank you.
JTE：How do you come to school?
ALT：I come to school by car.

❷ 隣のペアと情報交換をする。　1分

T：どんなことを話していたか，隣の人と話してごらん。
C：なんか相撲が好きだけどやらないって言っていたね。
C：月曜日と金曜日に日本語学校に行っている。
C：日本語を勉強しているって。

❸ Q&A に答える。　3分

T：それでは，アンジーさんについて，先生が質問しますので，Yes. か No. で答えましょう。
　　　No.1　Does Angie sensei play sumo?
　　　No.2　Does she speak Japanese?
　　　No.3　Does she go to Japanese school on Monday and Saturday?
　　　No.4　Does she come to school by bus?

❹ もう一度 ALT's talk を聞く。　2分

T：では，内容が当たっているかもう一度聞いてみましょう。

② 展開　15分

❶ 今日の学習ポイントを確認する。　2分

T：先ほど，アンジーさんのことについて質問をしました。今までは，Do you have ～? とか，Do you like ～? とか，do を使っていましたが，今回はみんなと先生以外の人について話をする時に使う does を使います。

Does **she** like sushi?
　　　{ Yes, she does.
　　　 No, she doesn't.

❷ 口頭練習をする。　1分

❸ カードを1人1枚ずつ配り，友達カードを作成し，ゲームを行う。　12分　（巻末p.124参照）

(1) カードに必要事項を記入する。　5分

T：真ん中の ☐ に，この教室にいる誰か1人の名前を入れます。ABC には，その友達の「A（するスポーツ），B（兄弟・姉妹），C（住んでいる地区）」を書きます。

```
A（　サッカー　）　　　　B（　兄1人　）

　　　　┌──────────┐
　　　　│  飯田つよし  │
　　　　└──────────┘

　　　　　　C（　北町　）
```
ゲームカード例

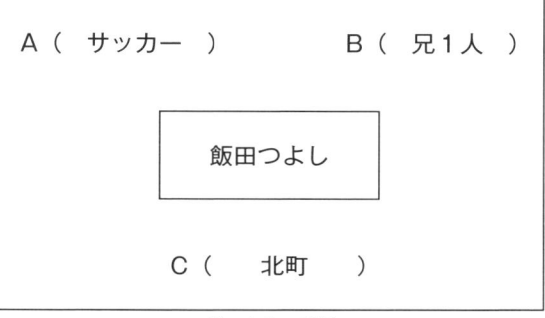

(2) やり方を説明する。　2分

T：今から，友達とジャンケンをします。ジャンケンに勝った人は，Does your friend play tennis?　Does your friend have any brothers? のように2回聞くことができます。

ジャンケンに負けた人は，Yes, he / she does. か No, he / she doesn't. と答えます。

もし，No … と答えたら，正しい情報を1つ言ってください。

例えば，No, he doesn't. He plays soccer. のように言います。

その答えを聞き，友達は誰だか当てます。1回やってみましょう。○○さん。

Rock, scissors, paper.　One, two, three.　I win.　Does your friend play baseball?

C：Yes, he does.

T：Does he live in Naka-machi?

C：No, he doesn't.　He lives in Kita-machi.

T：Is he Kenji?

C：Yes, he is.

T：何人当てることができるかやってみましょう。

(3) 友達当てゲームをする。　5分

3 説明 15分

❶ 文構造を理解させる。 3分
Can Do!「Does を前に持って来て，動詞は原形にする」

T：今日の勉強は，3人称単数現在形の疑問文です。疑問文は，Does を先頭に置き，動詞は原形にします。そして，最後にクエスチョンマークを付ければ疑問文のできあがりです。

```
┌─ 3単現　疑問文とその答え方 ──────────┐
│         She likes basketball.         │
│              ↓                        │
│     Does she like basketball?         │
│              ←──── 動詞の原形         │
│         ┌ Yes, she does.              │
│         └ No, she doesn't.            │
└───────────────────────────────────────┘
```

❷ 口頭練習をする。 2分
❸ ノートに板書を写す。 2分
❹ 先生問題を出す。 3分

T：先生問題を3問出します。黒板に書く文を疑問文にしてみましょう。

```
① He plays baseball.
② She has a big dog.
③ Kenta lives in Osaka.
```

❺ 答え合わせをする。 3分

生徒から答えを引き出しながら，黒板に答えを書き，○付けをします。

```
① Does he play baseball?
② Does she have a big dog?
③ Does Kenta live in Osaka?
```

❻ 答え方を確認をする。 2分

T：では，①②③の文に対して，それぞれ，Yes. と No. で答えを書いてみましょう。

4 まとめ 10分

❶ ワークシート「Let's use it! 次のような時に，何と言いますか？」をする。 10分 （巻末p.125参照）

Let's use it! 次のような時に，何と言いますか？

①ドラえもんの映画を見た後に，ふと疑問に思いました。
　ドラえもんには耳がないけど，ドラミにはあるのかな？
　そこで友達に一言。「ドラミ（Dorami）って耳あるの？」
　　　あなた：（　　　　　　　　　　　　　　　　　　　　　　　　　　　　）
　　　友達：（　　　　　　　　　　　　　　　　　　　　　　　　　　　　）

②ハロウィンが近づいてきました。あなたはクラスでハロウィンパーティをしたいと思っています。しかし，何をやればいいかわかりません。またそもそもハロウィンって何のお祭りなのかも知りません。そこで，クラスのみんなに聞きます。
　「ハロウィンについて誰か（anyone）知っていますか？」
　　　あなた：（　　　　　　　　　　　　　　　　　　　　　　　　　　　　）
　　　友達：（　　　　　　　　　　　　　　　　　　　　　　　　　　　　）

③あなたは旅行に来ています。アメリカから来ているTomにお土産を買おうと思います。しかし，何を買えばいいのか迷っています。そこで友達に聞きましょう。
　「トムはそばを食べるかな？」
　　　あなた：（　　　　　　　　　　　　　　　　　　　　　　　　　　　　）
　　　友達：（　　　　　　　　　　　　　　　　　　　　　　　　　　　　）
　　　あなた：（　　　　　　　　　　　　　　　　　　　　　　　　　　　　）
　　　友達：（　　　　　　　　　　　　　　　　　　　　　　　　　　　　）

まとめ用ワークシート

英文例）① Does Dorami have ears?　　③ Does Tom eat soba?
　　　　　No, she doesn't.　　　　　　　No, he doesn't.
　　　② Does anyone know Halloween?　　Does Tom eat udon?
　　　　　Yes, I do.　　　　　　　　　　Yes, he does.

> ここで差がつく！
> ### 指導＆教材活用のポイント
> 　Do See Plan という言葉があります。あれ？　順番が違うぞ…と感じられた先生もいるかと思います。Plan Do See じゃないの？　いいんです。本やセミナーで，面白いな…こんな方法があったのか…と思ったら，Do＝まずやってみるのです。とにかく考えずにやってみるのです。考えたら弱気になります。学年が違っても，1回やってみるのです。するともしかしたらうまくいくかもしれませんし，もしかしたら，失敗するかもしれません。またもしかしたらアイデアが浮かぶかもしれません。それが，See の状態です。そして，じゃ，次の時間は，これをやろう！と Plan が立ちます。
> 　私は新任の頃，Plan Do See の Plan をとっちゃえ～と言われました。
> 　このことを私は兵庫県の井上好文先生から教わりました。

Part 6　3人称単数現在形（3単現）の指導アイデア

24　3単現 否定文

できるだけシンプルでいて，理解しやすい方法で導入しましょう。TF クイズで否定文の導入です。生徒と会話しながら，最後に TF クイズを出してみましょう。生徒はどのくらい内容を覚えているでしょうか。最初は，スポーツの話題から，食べ物，そしてペットの話題と変えていきましょう。

1　導入　10分

❶ Q&A 活動（スポーツ）を行う。　3分

T：What sports do you play, Ken?

C：I play table tennis.

T：He ...（ plays のカードを見せる）

C：plays table tennis.

T：Good. How about you? Do you play table tennis, Yuji?

C：No, I don't.

T：Yuji doesn't play table tennis.（ doesn't のカードを見せる）

C：Yuji doesn't play table tennis.

❷ Q&A 活動（食べ物）を行う。　2分

T：What Japanese food do you like, Yuki?　　C：I like Okonomiyaki.

T：She likes Okonomiyaki. Do you like Okonomiyaki, Sachiko?　C：No, I don't.

T：Sachiko ...

C：Sachiko doesn't like Okonomiyaki.

❸ Q&A 活動（ペット）を行う。　2分

T：Do you have any dogs, Koji?

C：No, I don't.

T：Koji ...

C：doesn't have any dogs.

T：Good.

❹ TF クイズをする。　3分

T：I'll give you TF quizzes. No.1 Ken doesn't play table tennis.

　このように否定文を入れた TF クイズを行い，doesn't を強調して見せます。

❷ 展開 10分

❶ カードゲームをする。 8分 （巻末p.125参照）

T：カードゲームをします。まず友達とジャンケンをします。ジャンケンに負けた人は，○が付いている友達のことについて，2つヒントを言います。1つは，肯定文。もう1つは，否定文です。例えば，My friend has a brother. He doesn't like English. のように，言います。それを聞いて，友達が誰であるのかを当てるゲームです。誰なのかわかったら，Is he Mike? のように相手に聞きます。

	have any brothers	like English	play soccer	live in Tokyo	come to school by bicycle
Mike	○	×	○	×	○
Yuki	×	○	○	×	○
Nancy	○	○	×	○	×
Hiroshi	○	○	×	×	○
Hippe	×	×	○	○	×

ゲームカード

T：では，一度やってみます。（と言って，近くの生徒を指名し，実際にやって見せる）
TC：Rock, scissors, paper. One, two, three. （教師が負ける）
T：では，2つヒントを言います。My friend likes English. She doesn't play soccer.
C：She? Is she Nancy?
T：That's right. Here you are. と言って，相手にカードを渡します。もし，手元に1枚もカードがなくなってしまった人は，先生の所に取りに来てください。
　　やり方を見せた後，およそ5分間ゲームを行います。

❷ 枚数と得点を確認する。 2分 （巻末p.115参照）

およそ5分後。
T：O.K. Let's go back to your seats. Please count how many cards you have.
C：いち，にー…
T：Please count one, two, three, in English.
C：One, two, three …
T：One card? Two cards? Three cards? （と言って，枚数を確認する）
　　Five cards? Five and over? （5枚以上） How many cards?
C：Six cards.
T：Great. Give her a big hand. （拍手）　1枚3点でポイントカードを塗りましょう。

3 説明 13分

❶ 文構造を理解させる。 1分　　　　　　**Can Do!**「主語と動詞の間にdoesn't を入れると否定文」

T：今日は，3人称単数現在形の3回目。否定文の勉強です。黒板を写しましょう。
　　だいたい時間は2分間です。

```
┌─ 3単現　否定文 ──────────────────────┐
│                                                        │
│  Bob              studies Japanese.（ボブは，日本語を勉強しています） │
│  Bob doesn't study Japanese.（ボブは，日本語を勉強していません）  │
│       ～しない　動詞の原形                              │
└────────────────────────────────────┘
```

❷ 口頭練習をする。 2分

　教師の後に繰り返させたり，個人で言わせたり，語を変えたりして，否定文に慣れさせます。

❸ ノートに写させる。 3分

T：ノートに写しなさい。

❹ 先生問題を出す。 5分

T：では，先生が3つ文を黒板に書きますので，それを否定文にしてください。今から書く英文は書かなくていいですからね。

```
┌──────────────────────────────┐
│  ① Ken likes English.                        │
│  ② Yumi studies Chinese.                     │
│  ③ Tom has some Japanese comic books.        │
└──────────────────────────────┘
```

　このように言って，数分後，わからない生徒のために，Ken _____ _____ English.
のように，下線だけ埋めればいいように，ヒントを出したり，個別支援にあたったりします。

❺ 答え合わせをする。 2分

　解説をしながら，答え合わせをしていきます。特に③は some が any に変わることに気づかせるようにします。

```
┌──────────────────────────────┐
│  ① Ken doesn't like English.                 │
│  ② Yumi doesn't study Chinese.               │
│  ③ Tom doesn't have any Japanese comic books.│
└──────────────────────────────┘
```

4 まとめ 10分

❶ ドラえもんを例に，否定文を使ってみる。〈ドラえもんが嫌いなものは？〉 5分

T：では，ドラえもんで，否定文を使ってみましょう。ドラえもんが好きじゃないものは…？
C：ネズミ。
T：そうだね。では，ドラえもんは rat が好きでない…と言う時は，どうしたらいい？
C：Doraemon doesn't like rats.
T：そうですね。言ってみましょう。Doraemon doesn't like rats.
C：Doraemon doesn't like rats.

❷ ドラえもんにないものは？〈耳？まゆげ？指？〉 5分

T：人間にはあって，ドラえもんにはないものがあるね…。
C：耳。
T：では，ドラえもんには耳がない…は？
C：Doraemon doesn't have any ears.
T：または，この場合，Doraemon doesn't have ears. と any がなくてもいいね。any があると，「1つもない」という感じで，耳は普通はそんなに多く持っていないからね。
他に，持っていないものは？
C：まゆげ。
T：すごい！　まゆげがないんだよね。まゆげは eyebrow と言います。
Doraemon doesn't have eyebrows.
C：あと，指もないよね。Doreamon doesn't have any fingers.
T：本当に指ないのかな？（インターネットで検索するとドラえもんに指がある映像がある）

> ここで差がつく！

指導＆教材活用のポイント

　これからの英語授業に必要な3点の1つ目は，「小学校外国語活動からの中学校英語という視点」です。これからは小学校での外国語活動を知った上で，授業を組み立てないといけません。2つ目は，「ICT の活用」です。ICT を活用すると，テンポよく教材を見せることができ，授業が早く終わります。その分，他の学習（習熟の時間，ワークの時間，活用の時間など）にあてることができ，生徒の学力を高めることができます。3つ目は，「特別支援教育の視点」です。こちらは，拙著[*]をご一読ください。教師として押さえておきたい特別支援教育の基本が学べます。これからは特別な支援を要する生徒への「対応力」が教師に求められる時代になります。

＊『目指せ！英語授業の達人21　英語授業のユニバーサルデザイン　つまずきを支援する指導＆教材アイデア50』（明治図書）

Part 6　3人称単数現在形（3単現）

絶対成功する！英文法指導アイデアブック　中学1年

Part 7 命令文の指導アイデア

25 命令文 肯定

命令文で教えればいいことは,「主語をとったら,動詞の原形」ということだけです。つまり,主語がなく,動詞で始まっている文は,「相手に命令している文」ということになります。ここを教えれば,あとは,Will you が付けば丁寧な命令文となり,Don't が付けば否定の命令文となります。さらに,「主語をとったら,動詞の原形」という Can Do を教えれば,You are quick.（あなたは速い）を命令文にしようとすると,まず主語（You）をとり,動詞（are）を原形にして,Be quick. となります。このルールを学べば,be 動詞の命令文でも応用が効きます。

1 導入 10分

❶ 生徒に命令して,命令文の導入をする。 5分

T：O.K. Everyone, Stand up.

と言うと,生徒は立ちます。その後,

T：Walk.

と言って,歩く真似をすると生徒も歩く真似をします。

T：Run.

と言うと,生徒は走る真似をします。

T：Stop.

と言うと,生徒は止まります。その他,jump, sing, smile, sleep, wake up, play tennis など,命令していきます。

❷ 「手はどこに置く？」を考える。 5分

T：Put your hands on your head!
C：（手を頭にのせる）
T：Put your hands on your eyes.
C：（目に手を置く）
T：Put your hands on your nose.

などとやっていき,最後に,Put your hands on your chin. と言うと,男の子は押さえるところに迷い,女子は笑います。そこで,次のように言います。

T：chinって,「あご」のことだよ。

と言って,笑いをとって,命令文の導入を終えます。

2 展開 10分

❶ 絵プリントを配り，動詞の発音の仕方を確認する。 5分 （巻末 p.126参照）

命令文には，動詞が必要です。そこで動詞を増やすために絵プリントを用いて指導しておきます。

jump	walk	run
play tennis	sing	sleep
look	drink	eat
cook	play the guitar	sit down

絵プリント

❷ ゲーム「I am Hakase, you are my robot.」をする。 5分

T：今から，友達とジャンケンをします。ジャンケンに勝った人は，I am Hakase, you are my robot. と言って，3つ命令できます。例えば，じゃんけんに負けた人は，Play the guitar. と言われたら，ギターを弾く真似をします。ジャンケンに勝った人は，Good. と言ってあげましょう。Now, stand up. Let's start.

このように言うと，生徒はジャンケンをして，勝った人が，I am Hakase, you are my robot. Sing! のように，ゲームを始めます。言われた生徒は，歌う真似をします。

およそ3分後，席に着かせ，文の構造を理解させます。

3 説明 12分

❶ 文構造を理解させる。 5分　　　　　　　　　　　Can Do!「主語をとって動詞は原形にする」

T：今日の勉強は,「命令文」です。命令文は「主語をとったら,動詞は原形にする」です。例えば,You run fast. なら,「あなたは早く走る。」という意味になりますが,You という主語をとると,Run fast.「早く走りなさい。」という命令する文になります。ノートに書きましょう。

```
命令文　肯定
  You  play  tennis.
       Play  tennis.
        ↑
    動詞の原形になる
```

❷ 先生問題を出す。 5分

T：では,先生が3問,黒板に書きますので,それを命令文に変えてみましょう。

```
① You study hard.
② You look at me.
③ Kenji drinks milk.
```

　ポイントは,主語をとったら,「動詞は原形」になっているかどうかです。そのことを理解できているかどうか確認する問題が,③です。
　この③ができていることが,命令文のポイントをしっかり理解していることになります。

❸ 答え合わせをする。 2分

T：では,答えを確認します。①…。これはどうなりましたか？
C：Study hard.
T：そうですね。主語の You をとって,動詞が原形であるかどうか確認します。この場合,Study had. ということで,「一生懸命,勉強しなさい」という意味で,正解となります。同様に,②③の答え合わせをします。特に,③に注意します。
　主語をとります。すると,drinks milk. となります。でも,なんか変だよね。drinks milk. って。動詞はどうするんだっけ？
C：原形
T：そうだよね。ここを原形に変えて,大文字で始めて,Drink milk. となります。
　3問ともできた人？（と言って,達成度を確認して,まとめを終える）

4 まとめ 10分

❶ 発展をする。〈命令文が，いろいろな文に大変身〉 5分

T：さて，今日学習した命令文ですが，その命令文にいろいろなものを足すとまた違った命令文になります。例えば，Stand up. に please を付けると，Stand up, please. となります。言ってみましょう。Stand up, please.

C：Stand up, please.

T：そうですね。この please は，前に持って来ることもできます。Please stand up.

C：Please stand up.

T：命令文の最初に，let's を付けると，「～しましょう」と人を誘う表現になります。みんなよく聞くでしょ。Let's go! は「さあ，行こう！」という意味，Let's sing. は「さあ，歌おう」という意味になります。当然，主語はないよね。Let's you play. なんて言いません。

❷ 板書をノートに写す。 5分

T：では，ノートに書いてみましょう。

いろいろな命令文

Stand up, please.　　　　　　　　　　　 ┐
Please stand up.　　←コンマ　　　　　　├→ 丁寧に相手に頼む時
　　　　　　　　　　　　　　　　　　　　 ┘
Let's stand up.　　　　　　　　　　→ 人を誘う時

このように言って，書かせるか，もしくは，ワークシートを用意し，配ります。

ここで差がつく！
指導＆教材活用のポイント

　何度も繰り返すようですが，教える時には「シンプル」に，文法の「原理」を教えます。今回の命令文でも，原理は「主語をとったら，動詞は原形」ということです。これをしっかり身に付けさせることで，応用した文 Please ～. や Let's ～. また，否定の命令文 Don't ～. や２年生で学習する Will you ～? などに変化させることができます。しかし原理は同じなので，命令文の前後に単語を付け足せばいいのです。

　文法における教材研究は，文法の原理をしっかりとらえ，できたら１文でそれを表すにはどうしたらいいか考えることからスタートします。その後，コミュニケーションではどう使われるのかを真剣に考え，無理のない導入アイデアを考えます。この３つを考えることが，文法事項における教材研究であると考えます。特にコミュニケーションではどのようにこの文法が使われているのかを考えることは，生きた文法にするためにとても大切なことです。

Part 7 命令文の指導アイデア

26 命令文 否定

本書では，肯定の命令文と否定の命令文を分けて示していますが，教科書では，一度に扱っているところがほとんどです。ただ指導の比重としては，肯定の命令文を8，否定の命令文を2の割合くらいで，まずはしっかり，命令文の形を指導したいです。そうすれば，否定の命令文やその他の命令文を指導しやすくなります。

今回は，否定の命令文を中心に，いろいろな命令文を再度取り上げ，習熟をねらっていきます。

1 導入 5分

❶ 復習をする。 3分

T：さて，この間勉強した命令文ですが，その命令文にいろいろなものを足すとまた違った命令文になることは，やりましたね。例えば，Stand up. に please を付けると…。
C：Stand up, please.
T：そうですね。またこの please を前に持って来ると…
C：Please stand up.
T：そうですね。これらは，「丁寧な命令文」と言われています。命令するにも，丁寧に言うんですね。あとこんなのがありました。「〜しましょう」…と言う時は何を使うんだっけ？
C：Let's …
T：そうですね。じゃ，「立ちましょう」というのは…？
C：Let's stand up.
T：「歌いましょう」
C：Let's sing.
T：「行きましょう」
C：Let's go!
T：そのようになります。

❷ 否定の命令文を導入する。 2分

T：今日，学習するのは，「否定の命令文」です。命令文に Don't を付けます。例えば，Don't stand up. と言うと，「立つな！」という意味です。言ってみましょう。Don't stand up.
C：Don't stand up.

このように，命令文の前に Don't を入れると，否定の命令文になるということを教えます。

2 展開 6分

❶ 「命令ゲーム」をする。 3分

T：では，先生が否定の命令文も入れながら，みんなに命令します。よく聞いて，その通り動いてみてください。Stand up. （生徒は立つ）
Walk. （生徒は歩く）
Run. （生徒は走る）
Don't run. （生徒は立ち止まる，もしくは歩く。歩いている子がいたら…）
Don't walk. （生徒は止まる）
Touch your nose. （と言って，教師は手で鼻を触る。生徒も触る）
Don't touch your nose. （と言って，鼻から手を外す。もしくは他の部位，髪の毛などを触る。生徒も触る）
Good!

このように進めて，命令文の初回は終えます。

❷ 「あまのじゃくゲーム」をする。 3分

T：では，今度は，あまのじゃくゲームです。先生が手を叩いたら，みんなはあまのじゃくです。何を言っても，先生の言うことと反対のことをしてください。難しいぞ〜。では，いきます。Stand up!
ジェスチャーつきで，元気よく言います。

C：（つられて立ってしまう）

C：（座っている）

T：あまのじゃくだから，「立ちなさい」と言っても立たないんですね。
Sit down.

C：（立つ）

T：（大きめの声で） Sit down! Sit down! Sit … down. （座るように促す）

C：（それでも立っている）

そこで，教師は次のように言います。

T：Don't stand up.

C：（座り始める）

あまのじゃくなので，生徒は立っていなくてはいけません。

T：Don't stand up. って言ったから，みんなはあまのじゃくなので，立っている人が正解です。じゃ，まだみんなはあまのじゃくだよ。Stand up.

C：（立たない。または立っている生徒は座る）

T：Sleep. **C**：（起きている）

T：Don't sleep. Don't sleep. **C**：（寝る）

❸ 説明 8分

❶ 文構造を理解させる。 3分　　　　　　　**Can Do!**「命令文に Don't を付ければ否定の命令文」

T：はい。まとめをします。今日の勉強は，否定の命令文です。
　　Stand up. という命令文に，Don't を付ければ，「〜してはいけない」という否定の命令文になります。もともとは，You don't stand up. の主語をとった形ですね。
　このように言った後，板書します。

命令文　否定

　　　　Stand up.
　Don't stand up.（立つな）

---

❶ 絵プリントを見て，「〜してはいけない」という否定の命令文で言ってみる。 5分　（巻末 p.127参照）

T：では，次の絵プリントを見て，「〜しては，いけません」という文を言ってみましょう。

talk	stand up	sleep
drink and eat	take a picture	sit down
throw	turn right	swim
run	draw pictures	enter

絵プリント

4 まとめ 10分

❶ 否定の命令文のまとめを行う。 10分

T：では，ワークシートを配りますので，まとめをしましょう。命令文の Can Do です。
　　□1　命令文の否定は，何＋何でしょうか…。
C：Don't ＋ 命令文
T：そうですね。Come here. は「こっちに来て」ですが，それに Don't を付けると，「来てはいけない」という否定の命令文になるのですね。

　このように，まとめ学習を行います。ここでは，『Can Do で英語力がめきめきアップ！中学生のためのすらすら英文法』（p.26-27）を活用して，まとめとします。

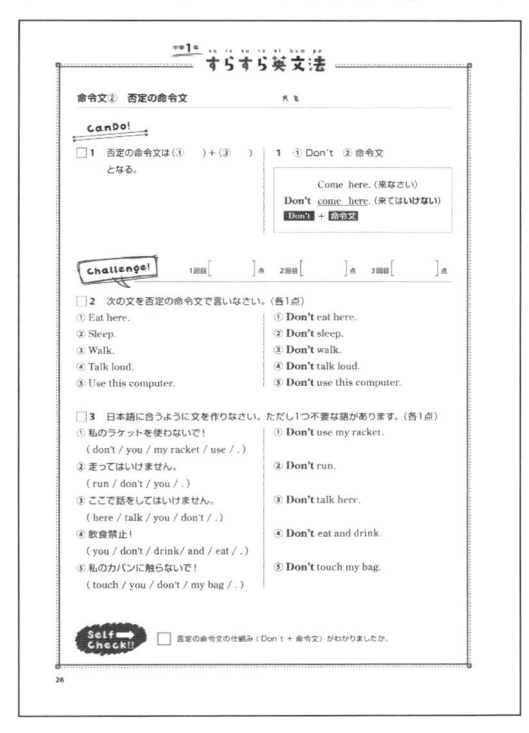

\ここで差がつく！/
指導＆教材活用のポイント

　とりあえず理論。私は何かあると「とりあえず買ってしまおう」と思って買ってしまいます。旅行に行って，「これは面白そう」「授業で使えそう」と思ったものは，使う使わないに限らず，買ってしまいます。でも，それが，研究授業当日の朝に，たまたま見つかり，即授業で活用し，授業は大成功！なんてことは何回もあります。多忙な教師生活です。プリントが作れなかった時は，Better than nothing. ですぐに使えます。教育書はぜひ書棚に身銭を切って揃えておきたいものです。

Part 8　現在進行形の指導アイデア

27　現在進行形　肯定文

　現在進行形で考えなくてはいけないことの１つは，コミュニケーションの場面をどうつかむ…ということです。「～している」というのをどういう場面で，どういう時に使えば，コミュニケーション活動につながるか考えることです。そこで考えられることは，ジェスチャーゲームです。
　片方がジェスチャーをして，もう片方が，You are singing. とか，You are drinking juice. のように言い当てる活動をすれば，生徒の動作もあり，楽しく学習できます。

1　導入　5分

❶　「命令文から現在進行形へ」を考える。　3分

T：Stand up, everyone.
C：（立つ）
T：You are standing.
　　（続いて）Walk.（と言って，歩く真似をする）
C：（歩く）
T：You are walking.

　このように言います。同様に，run, sing, jump, fly, sit, sleep などやりながら，現在進行形の文を聞かせるようにします。

❷　「命令ゲーム」をする。　2分

T：今度は，「命令ゲーム」をします。先生が You are cooking. と言います。そうしたら，料理をする真似をしてください。Stand up.
C：（立つ）
T：You are .... swimming.
C：（泳ぐ真似をする）
T：You are .... eating ra-men.
C：（ラーメンを食べる真似をする）
T：You are ... riding a horse.
C：（馬に乗っている真似をする）
T：You are ... playing the guitar.
C：（ギターを弾く真似をする）

2 展開 15分

❶ BGMのCDを聞かせ，何をしているのか言う。 10分

T：O.K. I'll play the CD. What are they doing?
　　（卓球をやっている音）
C：Playing table tennis.
T：They are …
C：They are playing table tennis.
T：Right. Next, what are they doing?
　　（剣道をやっている音）
C：They are playing kendo.
T：Good. What are they doing?
　　（バドミントンをやっている音）
T：They are playing the badminton.
　　That's right.

　このように，音だけ聞かせ，何をしているか言わせます。また，映像があれば，音を聞かせた後，映像を見せることで，「ああ，この場面だったのか…」と振り返ることができます。

❷ 絵を見ながら，教師の後に繰り返させる。 3分

T：O.K. Repeat after me. He is eating.
C：He is eating.
T：He is sleeping.
C：He is sleeping.
T：She is watching TV.
C：She is watching TV.

❸ 絵の一部を隠しながら見せ，何をしているか，生徒に言わせる。 2分

T：I'll show you pictures, so please say, "He is …. She is …."
　　（赤ちゃんが寝ている絵）
C：He is sleeping.
T：Good.
　　（男の人がテレビを見ている絵）
C：He is watching TV.
T：Right.
　　（音楽を聞いているサルの絵）
C：The monkey is listening to music.
T：Good.

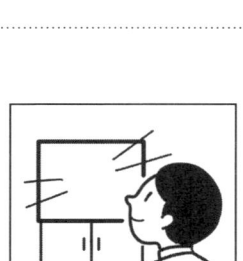

3 説明 10分

❶ 文構造を理解させる。 5分   Can Do!「be動詞+〜ingで,"〜している"という意味になる」

T：今日の勉強は,「今, 〜している」という現在進行形の文です。形は, be動詞+動詞のing形です。これで,「〜している」という文になります。

現在進行形　肯定文

　　I play tennis.
　　I **am** play**ing** tennis.

〈ingの付け方〉
　①そのまま付ける。 play → playing
　②eで終わっている単語は, eをとってingを付ける。
　　　make → making　　use → using
　③最後の文字の1つ前がアイウエオ（母音）の時, 最後の文字を重ねてingを付ける。
　　　sit → sitting　　run → running　　swim → swimming

❷ 先生問題をする。 3分

T：先生が3つ, 文を書きますので,「○○は, 〜しています」という文を書きましょう。

---
①I play soccer.
②Ken watches TV.
③Miki and Yuki swim in the river.

　生徒はノートに書きます。

❸ 答え合わせをする。 2分

T：①, 答えは？
C：I am playing soccer.
T：同じ人？（生徒は手を挙げる）　正解です。②…
C：Ken is watching TV.
T：そうですね。Kenの場合は, isとなりますね。③はどうなる？
C：Miki and Yuki are swimming in the river.
T：Yes!　ここはMiki and Yukiで2人いますので, be動詞はareになります。それとswimは, swimmingと, mが重なります。3問ともできた人？
　このように, 文法事項がどの程度理解できているか確認問題を出します。

4 まとめ 10分

❶ まとめをする。 10分

『1日5分で英会話の語彙力アップ！中学生のためのすらすら英単語2000』(p.55)

1. 現在進行形で使えそうな語彙を取り上げ，教師の後に繰り返させる。
2. 教師が日本語を言って，生徒が英語で言う。
3. ペアになり，ジャンケンに勝った人が日本語。負けた人が英語で言う。
4. ジャンケンに勝った人は，日本語。負けた人は，ワークシートを見ないで英語で言う。
5. ジャンケンに勝った人は，アットランダムに日本語を言う。負けた人はそれを英語で言う。
6. ジャンケンに負けた人は立って，ジェスチャーをする。勝った人は，単語を言う。
7. ジャンケンに負けた人は立って，ジェスチャーをする。勝った人は，You are swimming. のように言い当てる。

ここで差がつく！
指導＆教材活用のポイント

　現在進行形の導入では，いきなり「カルタ」をやる方法もあります。これは現在進行形がなんであるか学んでいなくても聞き取ってカードを取ることができます。例えばKen is playig tennis. と言えば，きっとテニスをしている絵を取るでしょう。こうしてカルタで楽しんだ後に，「今日の勉強は〜しているという文です」のように導入するやり方もあります。

Part 8　現在進行形の指導アイデア

28　現在進行形　疑問文

シンプルに教える…ということも，文法指導においては，大事なことです。簡単に教えられれば，教える方がいいです。現在進行形の疑問文は，「be 動詞を前に持って来て，最後にクエスチョンマークを付ければよい」ということを教えれば文法指導になります。その知識をもって，コミュニケーション活動が行い，最後にまとめをすれば，一連の文法指導が完結します。

今回は，前時の復習から導入していきましょう。

1　導入　10分

❶　復習をする。　5分

前回使用した「すらすら英単語」の語彙（p.81）を出させ，次の方法で繰り返します。

> 1. 教師の後に繰り返させる。
> 2. ペアになり，ジャンケンに勝った人が，日本語を言い，負けた人が英語で言う。
> 3. 負けた人は見ないで言う。
> 4. ばらばらに言われたものを英語で言う。
> 5. ジェスチャーで伝えられたものを，You are drinking. のように言い当てる。

❷　現在進行形の疑問文の導入をする。　1分

T：では，今度は，You are drinking.（あなたは飲んでいます。）ではなくて，Are you drinking? と，「あなたは飲んでいるんですか？」と聞きます。もし，正解なら，Yes, I am. と言います。違ったら，No, I'm not. と言います。では，ペアになってやってみましょう。ジャンケン！

C：Rock, scissors, paper.　One, two, three.

T：では，負けた人は立って，ジェスチャーをします。Ready, go!

❸　ペアを変えて活動する。　4分

生徒はペアになって活動します。

30秒ほどしたら，ペアを変え，違う人とさせます。

私は通常，右のように席移動させて，「誰とでも会話できる雰囲気」「誰とでも会話ができる生徒」にしたいと思っているので，いろいろな生徒と話すチャンスを意図的に与えるようにしています。

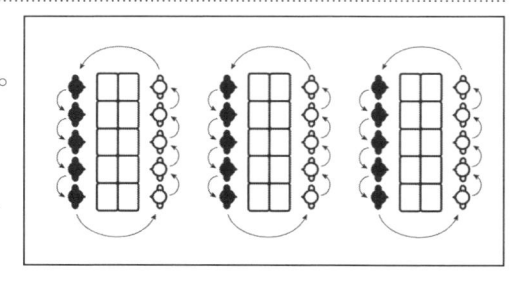

❷ 展開 8分

❶ 活動の説明をする。 3分 （巻末p.128参照）

T：次のようなゲームカードを１人１枚ずつ配ります。

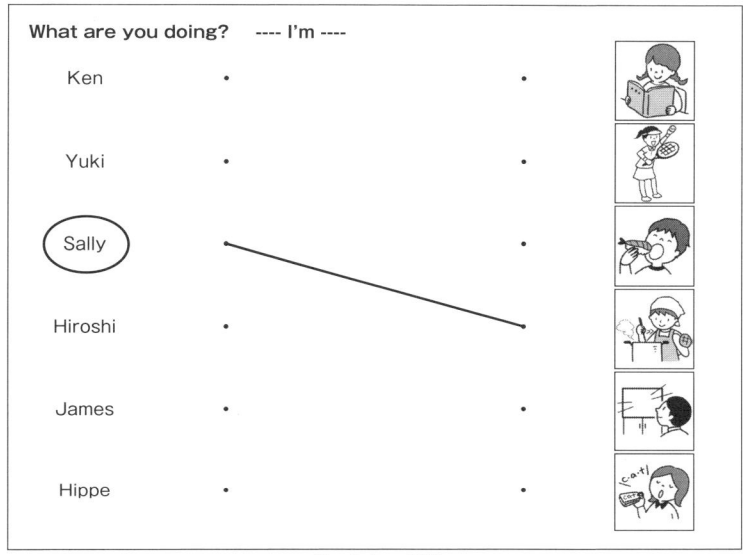

```
What are you doing?    ---- I'm ----
  Ken      ・                    ・
  Yuki     ・                    ・
 (Sally)   ・                    ・
 Hiroshi   ・                    ・
  James    ・                    ・
  Hippe    ・                    ・
```
ゲームカード例

T：今，配ったカードは友達には見せてはいけません。今からみんなは◯をした人物になりきって答えます。まず最初に，Hello. This is Yuki. Hello. This is James. のように電話場面を想定して，自己紹介から始めます。その後，電話の向こう側ですから話し相手が何をしているかわかりませんね。そこで，What are you doing, Yuki? のように聞きます。相手は，I'm …. と言います。そうしたら線を引きます。同じように，What are you doing, James? と，相手にも聞いて，お互いやっていることを教え合い，すべて線が引けたら，席に戻ります。

❷ インタビュー活動をする。 3分

T：では，3分間時間をとりますので，すべて線が引けるように頑張りましょう。約束は，英語でやること。そして，絶対にカードを人に見せてはいけません。そうそう，もし，電話をして，自分と同じだったら，Oh, me too. と言って，Good bye. と挨拶して，他の人とやっていきます。では，いきます。Stand up! Ready go!

❸ インタビュー活動後。 2分

T：全部線が引けた人？　　　　　　　　　　　　C：（手を挙げる）
T：なりきった人物で答えてください。What's your name?　C1：My name is Hippe.
T：What are you doing?　　　　　　　　　　　C1：I'm watching TV.
T：Good. How about you? What's your name?　C2：My name is Hiroshi.
T：What are you doing?　　　　　　　　　　　C2：I'm studying English.

❸ 説明 10分

❶ 文構造を理解させる。 2分　　　　Can Do!「be動詞を前に持って来て,最後にクエスチョンマーク」

T：さて,ここまでの活動をまとめたいと思います。
　　　「あなたはテレビを見ています。」と言うのは,何と言いますか。
C：You are watching TV.
T：そうですね。今日は,その疑問文です。「あなたはテレビを見ているのですか？」という疑問文はどうすればいいんでしたでしょうか。
C：Are you watching TV?
T：そうですね。be動詞があれば,be動詞を前に持って来れば,疑問文になります。
　　　答える時は,「あなたは～」と聞いているので,「はい,私は～」となります。Yes, I am.
　　　No. の時は,No, I'm not. と言います。

現在進行形　疑問文とその答え方

　　　　You are watching TV.
　Are　you　　watching TV?
　　　Yes, I am.
　　　No, I'm not.

---

❷ 口頭練習をする。 1分

T：では,先生の後に繰り返しましょう。You are watching TV.
C：You are watching TV.
T：Are you watching TV?　　**C**：Are you watching TV?
T：Yes, I am.　　　　　　　　**C**：Yes, I am.
T：No, I'm not.　　　　　　　**C**：No, I'm not.
　　　（以下,何度か指さして言わせ,口頭練習を行い慣れさせる）

❸ 板書をノートに写させる。 3分

　すでに,板書はできているので,あとは□で囲み,タイトルを付けて,ノートに写させます。

❹ 先生問題&答え合わせをする。 4分

T：では,先生が黒板に書く文を疑問文にして,ノートに書きましょう。

---

① You are listening to music. → Are you listening to music?
② He is taking a bath. → Is he taking a bath?
③ Maki and Yuki are playing tennis. → Are Maki and Yuki playing tennis?

4 まとめ 10分

❶「ジェスチャーゲーム」をする。 5分

JTE：では，ALT の先生がジェスチャーをします。何をやっているか当てましょう。

ALT：（料理をしているジェスチャーをする）　　**C**：Are you cooking?

ALT：Yes, I am. 5 points. Next …．（ALT がうどんを食べているジェスチャーをする）

C：Are you eating soba?　　　　　　　　**ALT**：No, I'm not.

C：Are you eating udon?　　　　　　　　**ALT**：Yes, I am. 4 points.

❷ ワークシート「Let's use it! 次のような時に，何と言いますか？」をする。 5分　（巻末p.128参照）

Let's use it!　次のような時に，何と言いますか？

①あなたは部屋にいます。隣の部屋から物音が聞こえてきました。隣の部屋は弟の部屋です。そこで一言。「**何してんの？**」
　　　あなた：(　　　　　　　　　　　　　　　　　　　　　　　　　　　　　　)
　　　Brother：(　　　　　　　　　　　　　　　　　　　　　　　　　　　　　　)
　　　あなた：(　　　　　　　　　　　　　　　　　　　　　　　　　　　　　　)
　　　Brother：(　　　　　　　　　　　　　　　　　　　　　　　　　　　　　　)

②２階にいるあなたは居間に行くとテレビつけっぱなしで，お母さんがグーグー寝ているようです。そこで一言。「**テレビ見てんの？**」
　　　あなた：(　　　　　　　　　　　　　　　　　　　　　　　　　　　　　　)
　　　Mother：(　　　　　　　　　　　　　　　　　　　　　　　　　　　　　　)

まとめ用ワークシート

英文例）

① What are you doing?　　　　　　② Are you watching TV?
　I'm studying math.　　　　　　　　　Yes, I'm watching TV.
　Good.
　Please help me with my homework.

> **ここで差がつく！**
>
> ### 指導＆教材活用のポイント
>
> 　指導はシンプルに…が原則になります。be 動詞の疑問文はすでに学習済みであるので，どんな時でも be 動詞が入っていれば，be 動詞を前に持っていけば，疑問文になるということを確認しながら，教えます。ちなみに，２年生では，「be 動詞の過去形」「過去進行形」「There is / are」「受動態」で，be 動詞が登場します。その都度，意図的に教え，繰り返すことで，生徒は be 動詞の入った文の疑問文について，理解を深め，定着していきます。
>
> 　理解は一発ですが，定着は繰り返しの中で行っていきます。よって，教師が，３年間を見通し，どこで何を学習するのかを知った上で，ここで定着しきれなくても，また２年生でやった時に，出てくるとわかれば，100％を生徒に求めることはしなくなるでしょう。

Part 8 現在進行形の指導アイデア

29 現在進行形 否定文

現在進行形の活動ネタは，探せば探すほど，たくさんあります。その活動ネタは，肯定文に限らず，疑問文や否定文の時のネタにもなります。アイデアは使い方によっては，様々な場面で使うことができます。今回の否定文の導入や活動は，必要に応じて，肯定文や疑問文でも活用できるでしょう。

1 導入 10分

❶ 紙芝居を見せて，否定文の導入をする。 8分

次のような紙芝居2枚を用いて，You are not ～. という表現を聞かせます。

紙芝居 A　　　　　　　　　　　紙芝居 B

Mother：Ken! You are playing a video game again.（紙芝居 A を見せて）
　Ken：No!! I'm studying now.（紙芝居 B を見せて）
Mother：You are **not** studying.
　Ken：Yes. I am studying English now.
Mother：What's on your desk?

❷ 絵で，肯定文と否定文を比較して，聞かせる。 2分

T：It is raining now.（と言って，雨が降っている絵を見せる。その紙を裏返しにすると，曇り空に変化している）

　Oh, it is not raining now.

　I'm sleeping now.（と言って，授業中，寝ている絵を見せる。その紙を裏返しにすると，目覚めた絵に変化している）

　I'm not sleeping now.

このように，肯定文と否定文を比較して，今日の学習内容をクローズアップします。

2 説明 10分

❶ 3単現の否定文の作り方を説明する。 2分

T：今日の勉強は,「現在進行形の否定文」になります。作り方は, 簡単です。be 動詞の後に not を入れるだけです。

> I am　　sleeping now.（私は, 寝ています）
> I am not sleeping now.（私は, 寝ていません）

T：では, 言ってみましょう。I am sleeping now.
C：I am sleeping now.
T：I am not sleeping now.
C：I am not sleeping now.（と言って, 口頭練習を行う）

❷ 絵を見せながら, 現在進行形の否定文を言う練習をする。 4分

次のように絵の一部を隠しながら, 生徒に尋ねます。

T：Look at the picture. What is he doing?
C：He is playing tennis.
T：No. He is not playing tennis.
C：え？
T：彼は何やっているの？と聞いてみましょう。
C：What ... is he ... doing?
T：Good. Repeat. What is he doing?
C：What is he doing?
T：He is sitting on the bench. He is not playing tennis. 言ってみましょう。
　　He is not playing tennis.
C：He is not playing tennis.

❸ 絵の下半分を隠し, 同様の方法で否定文に触れる。 4分

He is not driving a car. 　　She is not singing a song. 　　She is not swimming.

3 展開 15分

❶ スキットづくりをする。 10分 （巻末p.129参照）

T : O.K. I'll give you a sheet of paper. Take one and pass them to the back.

8文会話を作ってもらいます。その中に，現在進行形の肯定文，否定文，疑問文の3つの文をできるだけ入れて，スキットを作成します。使ったら，下の□に✓を入れていきます。

```
┌─────────────────────────────────┐
│ 8文スキット                      │
│                                 │
│ A                               │
│   _____ │
│                                 │
│ B                               │
│   _____ │
│                                 │
│ A                               │
│   _____ │
│                                 │
│ B                               │
│   _____ │
│                                 │
│ A                               │
│   _____ │
│                                 │
│ B                               │
│   _____ │
│                                 │
│ A                               │
│   _____ │
│                                 │
│ B                               │
│   _____ │
│                                 │
│ 現在進行形の  □肯定文 □疑問文 □否定文 │
└─────────────────────────────────┘
              スキットシート
```

教師は机間指導して，アイデアや英文へのヒントを与えます。

❷ スキットを近くの人と読み合う。 3分

およそ10分後，「近くの人と交換して，読み合ってみましょう」と言って，作ったスキットを読み合い，表現力や発想力の幅を広げます。

❸ スキットを紹介する。 2分

後ろから集め，教師が読み上げ，いくつか紹介します。

4 まとめ 10分

❶ 文構造を理解させる。 3分　　　　　　　**Can Do!**「be 動詞の後ろに not を入れれば否定文」

T：今日の勉強は，現在進行形の3回目，否定文でした。否定文の作り方を確認します。
　　be 動詞のどこに，何を置くんでしたっけ？

C：後ろに，not

T：そうですね。be 動詞の後ろに not を置けば，否定文になります。
　　なんでも be 動詞があれば，その後ろに not を入れるだけで，否定文になるんですね。

現在進行形　否定文

I am　　 sleeping now. （私は，寝ています）
I am **not** sleeping now. （私は，寝ていません）

---

❷ 先生問題 & 答え合わせをする。 7分

T：では，先生が3つ文を黒板に書きますので，それを否定文にしましょう。

---
① I am talking on the phone. → I am not talking on the phone.
② You are eating udon. → You are not eating udon.
③ My father is reading a newspaper.
　　　　　　　　　　　　→ My father is not reading a newspaper.

　時にはノートを持って来させ，○を付けてあげることもします。その際，○をもらった生徒が他にやることがなくなってしまうと，暇を持て余し，遊んでしまうことにつながるので，必ず，終わった生徒への課題を用意しておくようにします。

ここで差がつく！
指導＆教材活用のポイント

　終わった生徒への課題の提供として，『授業を100倍面白くする！中学校英文法パズル＆クイズ』（明治図書）を出版しました。これはほぼすべての文法事項に対する「文法パズル」となっていますので，学習プリントの裏にパズルを載せておき，終わった生徒への課題として使うことができます。また，単独でこれを印刷し，課題が終わったら，「終わった人は，パズルをやりましょう」と指示すれば，生徒の空白の時間を減らすことができます。教材は手元に1冊置いておき，すぐに使えるようにスタンバイしておくといいでしょう。

絶対成功する！英文法指導アイデアブック　中学1年

Part 9 can の指導アイデア

30 can 肯定文・否定文

can は小学校外国語活動で，学習しています。3ヒントクイズなどで，It can swim. It can run fast. など耳にし，慣れ親しんでいると思われます。また can に関しては，Can you swim? などの疑問文や，Yes, I can. No, I can't. の答え方，さらに，I can't play the piano. などの否定文も扱っている場合があります。生徒にとってなじみがあり，それでいて，よく記憶に残っている文法事項だと思います。しかし，can の後ろは動詞の原形になるというような文法は学んできていません。そこが中学校での学習になります。

1 導入 5分

❶ 「けん玉を英語で何と言うか」を考える。 2分

T：What's this?
C：It's a kendama.
T：What is 'kendama' in English?
C：I don't know.
T：This is a pin and this is a ball. So they call it 'pin and ball.'
C：Pin and ball.
T：Right. Can you play 'pin and ball?'
C：Yes, I can. / No, I can't.

❷ けん玉で成功したら，You can. 失敗したら，You can't. と言う。 3分

T：Now I'll try it.
　　（けん玉をやってみせる。うまく皿にボールが乗り，そこで…。）
　　何て言う？
C1：Good.
C2：Nice.
C3：Wonderful.
T：Thank you. では，先生が何度かやりますので，もし成功したら，You can! 失敗したら，You can't. と，いじわるく言いましょう。
　小さな皿に挑戦し，ボールがうまく乗ります。
C：You can!
　このようにだんだんと難しい技に挑戦し，最後には「ふりけん」の技を見せ，終えます。

2 展開 15分

❶ 絵を見せ，できるものには，I can. できないものには，I can't. で言わせる。 2分

T：O.K. I'll show you some pictures. できるものには，I can. できないものには，I can't. と言っていきましょう。play shogi（将棋の絵を見せる）

C：I can. / I can't.

T：swim（泳いでいる絵を見せる）

C：I can. / I can't.

T：speak English（英語を話している絵を見せる）

C：I can. / I can't.

T：run fast（早く走っている絵を見せる）

C：I can. / I can't.

T：play judo（柔道をしている絵を見せる）

C：I can. / I can't.

T：play the piano（ピアノを弾いている絵を見せる）

C：I can. / I can't.

❷ 絵を見ながら，文で言わせる。 3分

T：今度は，ちゃんとした文で言ってみましょう。例えば，swim（泳いでいる絵を見せる）なら，泳げる人は，I can swim. となります。泳げない人は，I can't swim. と言います。では，言ってみましょう。　　　　　**C**：I can swim. / I can't swim.

T：speak English　（英語を話している絵を見せる）

　　　　　　　　　　　　　　　　　C：I can speak English. / I can't speak English.

T：run fast　（早く走っている絵を見せる）　**C**：I can run fast. / I can't run fast.

❸ 「Can ゲーム」を行う。 10分　（巻末p.130参照）

カードを生徒に1人1枚ずつ配り，表の見方を確認する。

T：左側に5人友達がいます。○はその人ができるもの，×はその人ができないものです。5人の中から誰か1人◯をしてください。（生徒は◯をする）

T：今から，その◯をした人物になりきってください。教室中，誰とでもジャンケンをします。ジャンケンに負けた人は，できるものを1つ，できないものを1つ言います。それを聞いて，相手が誰だか当てます。当たったら，相手のカードがもらえます。時間は5分間です。

（生徒は，カードゲームを行う）

	swim	sing	play tennis	cook	eat natto
Ken	○	○	×	×	○
Maki	×	○	○	○	×
Hiroshi	○	×	○	×	○
Yuki	×	○	×	○	×
Hippe	○	×	○	○	○

ゲームカード

3 説明　12分

❶ 文構造を理解させる。　3分

T：今日の勉強は，「〜できる」という文です。動詞の前に can という語を付けて，「〜することができる」という意味になります。この can は動詞を助けて，意味を付け加えるので，助動詞と言います。また，can の後ろに not を入れると，「〜することができない」という意味となります。

```
┌─ can　肯定文・否定文 ─────────────────┐
│   I      play  tennis.                  │
│   I can  play  tennis.                  │
│            ↖ 動詞の原形                 │
│   I cannot play  the  piano.            │
│      = can't                            │
└─────────────────────────────────────────┘
```

❷ 先生問題を出す。　5分

T：先生が3つ，文を書きますので，「〜することができる」という文をノートに書きましょう。

> ① I speak Japanese.
> ② He rides a horse.
> ③ She runs fast.

生徒はノートに書きます。

❸ 答え合わせをする。　2分

> ① I can speak Japanese.
> ② He can ride a horse.
> ③ She can run fast.

❹ 否定文にする。　2分

T：では，④⑤の2問を追加します。先ほどやった①②の文を否定文にしてみましょう。

> ④ I cannot speak Japanese.
> ⑤ He cannot ride a horse.

4 まとめ 13分

❶ 自己表現「自分のできること,できないこと」をノートに書く。 3分

T：それでは,自分ができることを2つ。自分ができないことを1つ,ノートに書きましょう。自分のことについて表現させます。

机間指導をしながら,わからない単語があったら,聞くように言います。

❷ ペアで「自分のできること,できないこと」を伝え合う。 2分

T：では,隣の人に,自分のできることを2つ。できないことを1つ言いましょう。
ペアが両方とも言い終わったら,座ります。Stand up. Ready go!

C1：I can play the guitar. I cannot play kendama.

C2：I can play basketball. I cannot play tennis.

❸ 立ち歩いて,友達3人以上と「自分のできること,できないこと」を伝え合う。 3分

T：それでは,ノートは机に置いて,教室の誰とでも構いません。そうですね。同性2人,異性2人と自分のできること,できないことを伝えていきます。Hi. と言ってから話しかけ,最後はハイタッチで終えましょう。時間は3分間です。

C1：Hi, I can run fast. I can't swim well.

C2：Hi, I can ride a unicycle. I can't get up early.

❹ 誰が何ができて,何ができないのか,思い出して書く。 5分

T：4人以上とできた人？…,（生徒は手を挙げる）3人？ 2人？ 1人？
今から,誰が何ができて,何ができないのか,思い出してノートに書いてみましょう。
例えば,Keisuke can play the guitar. He cannot cook. He can play soccer. のようにいくつ思い出せるか書きます。時間は5分間です。

ここで差がつく！

指導＆教材活用のポイント

「報告しなさい」と言うよりも,私は「何人思い出せるかな」と生徒に言います。よく教科書などでは,インタビューしながら,メモをとり,その後,メモを頼りに報告することで,書くことの活動を保証しようとしています。しかし,それって楽しい活動でしょうか。私にはどうしても楽しいと思えませんでした。そこでメモをとらせずに,「インタビューして来なさい」と言います。時間は短くていいです。そして席に着くと,「では,友達が何ができて,何ができないのか思い出してノートに書いてみよう」としてみるのです。

これって,見事な「報告」ではないでしょうか。さらにもともとはコミュニケーションです。相手の言ったことをしっかり受け止め,聞いて来なくてはいけません。ただ,英語を使って会話だけやってもしょうがないのです。

Part 9 canの指導アイデア

31 can 疑問文

前

時の授業を重ねながら，授業に入ると，生徒は安心して授業に入ることができます。通常，それが「復習」という形でとられます。学年が上がれば上がるほど，復習を大事にし，前時の授業を重ねて本時の授業に入るといいでしょう。

今回は，前時に扱った絵を見せながら，英語で言わせるところから入りましょう。

1 導入 6分

❶ 復習その1「教師の後に繰り返す」をする。 2分

前回使用した絵を見せながら，教師の後に繰り返させます。

T：Repeat after me. I can play shogi.
C：I can play shogi.
T：I can swim.
C：I can swim.
T：I can play the piano.
C：I can play the piano.

❷ 復習その2「絵を見て，自分のことで言う」 2分

今度は絵を見ながら，できるものなら，I can .... で言い，できなければ，I can't ... で言います。

T：（将棋の絵を見せる）
C：I can play shogi. / I can't play shogi.
T：（泳いでいる絵を見せる）
C：I can swim. / I can't swim.

❸ 新しい絵を見せて，教師が生徒に質問する。 2分

T：では，今度は先生が質問します。それに答えてみてください。
（一輪車の絵を見せて）Can you ride a unicycle?
C：Yes, I can. / No, I can't.
T：（そろばんの絵を見せて）Can you use an abacus?
C：Yes, I can. / No, I can't.
T：（手品をしている絵を見せて）Can you do a magic trick?
C：Yes, I can. / No, I can't.

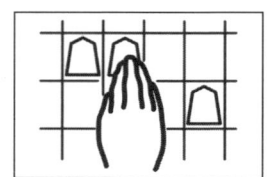

❷ 展開 20分

❶ 「Can カードゲーム」をする。 10分 （巻末p.130参照）

T：（表の見方を簡単に確認する）
○は，その人ができるものです。×はその人ができないものです。前回使ったカードですので，名前にもう○がしてありますね。もし，名前に○がなかったら，今，誰か1人○で囲んでください。やり方を説明します。ジャンケンに勝った人は2つ

★★★	swim	sing	play tennis	cook	eat natto
Ken	○	○	×	×	○
Maki	×	○	○	○	×
Hiroshi	○	×	○	×	○
Yuki	×	○	×	○	×
Hippe	○	×	○	○	○

ゲームカード例

質問することができます。例えば，Can you swim? とか，Can you eat natto? のように質問します。相手の答えを聞いて，相手が誰だか当てるゲームです。では，1回見本でやってみます。（生徒とやってみる）

T：Rock, scissors, paper. One, two, three. 先生が勝ちましたので，2つ質問します。
　　Can you swim?　　　　　　　　C1：Yes, I can.
T：Can you cook?　　　　　　　　　C1：No, I can't.
T：2人いるな…。Are you Ken?　　　C1：Yes, I am.
T：当たったら，相手のカードがもらえます。自分の手元に1枚もなくなってしまった人は，ここに置いておきますので，Please give me! と言って，1枚もらっていってください。5分後，誰が一番多くカードをゲットできるでしょうか。Please stand up. Let's start.

❷ 枚数を確認する。 2分

およそ5分後，席に着かせ，枚数を聞きます。チャンピオンに拍手を送ります。

❸ 親分ゲームに突入する。 8分 （参考『英語授業面白ゲーム集』明治図書）

T：Please make a group. （生徒は班になる）
誰か1人，親分を決めてください。（親分を決める）親分は立ちます。子分は親分にすべてカードをあげます。親分，How many cards do you have?
（各班の枚数を黒板に書いておく）
親分は，子分に1枚ずつあげてください。では，親分は座っていいですよ。
今から子分は，他の班の子分と戦ってきます。1枚ゲットしたら，「おやぶ～ん。儲かったぜ！」と言って親分に渡します。もしとられてしまったら，「おやぶん～。すまん！」と言ってもう1枚もらって，また戦ってきます。5分後，どこの班が増えているでしょうか。子分！　頑張って！　Ready go!

❸ 説明　10分

❶ 文構造を理解させる。　3分　　　　　　　　　　**Can Do!**「can を前に持って来ると疑問文」

T：今日の勉強は，「～できますか？」という文です。これも非常に簡単で，be 動詞の時と同じです。

　can を前に持って来て，クエスチョンマークを付ければできあがりです。

　答える時は，「あなたは～」と聞いているので，「はい，私は…」となります。Yes, I can. No. の時は，No, I can't. となります。

---

can　疑問文とその答え方

　　　You can ride a unicycle.
Can you　　ride a unicycle?
　　　　　Yes, I can.
　　　　　No, I can't.

---

❶ 口頭練習をする。　2分

T：では，先生の後に繰り返しましょう。You can ride a unicycle.

C：You can ride a unicycle.

T：Can you ride a unicycle?　　C：Can you ride a unicycle?

T：Yes, I can.　　　　　　　　　C：Yes, I can.

T：No, I can't.　　　　　　　　　C：No, I can't.

　（以下，何度か指さして言わせ，口頭練習を行い慣れさせる）

❷ 先生問題を出す。　3分

T：では，先生が黒板に書く文を疑問文に変えて，ノートに書きましょう。

---

① You can play the piano.
② Kenta can jump high.
③ Your sister can cook.

---

❸ 答え合わせをする。　2分

---

① Can you play the piano?
② Can Kenta jump high?
③ Can your sister cook?

96

4 まとめ 10分

❶ 「Fox Hunting」をする。 3分

T：Now, close your eyes. Can you ride a unicycle? Raise your hands?

C：（一輪車に乗れる生徒は手を挙げる）

T：One, two, three, four …… fifteen! Put your hands down.

Now open your eyes. このクラスに15人，一輪車に乗れる人がいました。今から，Can you ride a unicycle? Can you ride a unicycle? と質問していって，一輪車に乗れる人を，2分間で，何人見つけられるでしょうか。こういうのはだめだよ。「乗れる？」「乗れる？」。時々いるんです。これは英語を話す練習ですので，ちゃんと英語を使ってください。

Now, everyone. Stand up. Let's start.

C1：Hi. Can you ride a unicycle?

C2：Yes, I can. Can you ride a unicycle?

C1：No, I can't. Bye.

❷ 確認をする。 2分

およそ2分後，Please go back to your seats. と言って，席に着かせます。

T：How many people can you find?

One? Two? Three? …… Ten? Eleven? Twelve? Twelve and over?

Good job.

❸ 文法プリント等で理解を深める。 5分

「すらすら英文法」等で，文法事項の確認と定着，そして理解を深め，まとめとします。

> ここで差がつく！
>
> ### 指導＆教材活用のポイント
>
> 　生徒はコミュニケーション活動を行い，話す・聞くに慣れ親しみながら，英文法を学習していきます。でも，残念ながら，次の新しい文法を学習したら生徒は忘れてしまうものです。では，それを防ぐにはどうしたらいいでしょうか。
>
> 　1つは，繰り返し，繰り返し，「既習事項に出くわすこと」です。
>
> 　もう1つは，使い方シート（＝すらすら英会話）を配り，毎時間，授業の冒頭で，「トレーニングをしていく」のです。すると，生徒の英会話力は維持できます。というより，これをやらずに，ただ新しい文法，新しい文法をやっていくだけでは，生徒は確実に過去の文法を忘れてしまいます。詳細は，拙著『5分間トレーニングで英語力がぐんぐんアップ！ 中学生のためのすらすら英会話100』（明治図書）を参照ください。
>
> 　生徒の英会話力が積み重なります！

Part 10 過去形の指導アイデア

32 規則動詞の過去形 肯定文

私の過去形の導入は決まっています。新聞を使います。教室に新聞を持って行って,「昨日の夜,何のテレビを見たか」という話題から入ります。What TV program did you watch last night? と質問し,I watched ～ on TV. と言わせることで,規則動詞の過去形の導入とします。

1 導入 10分

❶ 曜日を確認後,昨日のテレビ番組について話題にする。 5分

T:Good morning, how are you?
C:I'm fine thank you. And you?
T:I'm fine. What day is it today?
C:It's Monday.
T:What is the date today?
C:It's January 19th.
T:How is the weather?
C:It's cloudy.
T:By the way, what TV program did you watch?
C:……
T:I watched Sazaesan last night. What TV program did you watch?
C1:News.
C2:忘れた? 何だっけ?
T:O.K. I'll give you yesterday's TV program.

　このように言って,テレビ欄のコピーを配ります。

❷ 「見た」という言い方(=過去形)について教える。 5分

T:自分が見た番組をすべて○をしてください。
C:(○をする)
C1:あ,これ見た。
C2:これ見た。
C3:俺も…。

　このように,「見た」「見た」「見た」という普段何気なく日本語で言っている過去の言い方に気づかせ英語でも過去の言い方があるということの指導につなげていきます。

2 展開 10分

❶ 同じ番組を見た人をたくさん探そう。 4分

T：では，今から，I watched ～ last night. と言って，見た番組を言っていきます。
　　自分と同じ番組を見た人をできるだけたくさん探しましょう。時間は２分間です。
　　そうだ。昨日，テレビ見なかった人はいますか？

C：（手を挙げる）

T：見なかった人は，I didn't watch TV. と言えばいいです。（板書する）ではいきます。
　　Stand up. Let's start.

C1：Hi. I watched ～, ～, ～ and ～.

C2：I watched ～, ～, and ～. Bye.

（およそ２分後）

T：O.K. Go back to your seats. 自分と同じテレビを見た人が探せた人？

C：（手を挙げる）

T：Good!

❷ 数人に指名し，見た番組を尋ねる。 4分

T：Now, I'll ask you questions. What TV program did you watch last night? ○○くん。

C1：I watched a baseball game and a quiz show.

T：Good! How about ○○ san? What TV program did you watch?

C2：I watched ちびまる子ちゃん and a music station.

T：Who watched ちびまる子ちゃん？
　　このように，数人に指名して，本時の学習内容を確かめます。

❸ 「見る」と「見た」の違いを教える。 2分

T：さて，みんなはテレビ番組を見ながら「見た」「見た」「これ見た」と言っていましたね。
　　今日は，過去のことを表す「過去形」について学びます。「テレビを見る」という時の
　　「見る」は，watch と言いましたね。言ってみましょう。watch

C：watch

T：watch

C：watch

T：では，「見た」という過去形になると…

C：watched

T：そうですね。watched

C：watched

T：意味は，「見た」となります。

3 説明 13分

❶ 文構造を理解させる。 5分　　　　　　　　　　　　　Can Do!「ed を付けると過去の文になる」

T：今日の勉強は，「～した」という過去形の文です。watch は見るだったけど，見た…はどういう語が付いていた？

C：ed

T：江戸（ed）だね。過去の時は，江戸を付ければいいんだね。ノートに書きましょう。

```
─ 規則動詞の過去形　肯定文 ──────────────
   I  watch   TV.
   I  watched TV.
```

〈ed の付け方〉
　①そのまま付ける。　listen → listened　　clean → cleaned
　②e で終わっている単語は，d を付けるだけ。
　　　like → liked　　live → lived　　use → used
　③y で終わっている単語は，y を i に変えて ed を付ける。
　　　study → studied　　例外：play → played　　stay → stayed
　④最後の文字の1つ前がアイウエオ（母音）の時，最後の文字を重ねて ed を付ける。
　　　stop → stopped

❷ 先生問題を出す。 5分

T：先生が3つ，文を書きますので，「○○は，～した」という文をノートに書きましょう。

```
① I play soccer.
② You live in China.
③ He study math.
```

❸ 答え合わせをする。 3分

T：①…。答えは？

C：I played soccer.

T：そうだね。play は y で終わっているけれど，そのまま ed を付けて，I played soccer. となります。同じ人？（生徒は手を挙げる）正解です。②…

C：You lived in China.

T：Good. live は e で終わっているので，d を付けるだけですね。（以下略）

4 まとめ 10分

❶ カードゲームをする。 5分 （巻末p.115, p.130参照）

生徒1人に1枚ずつ，カードを配り，表の見方を説明します。

T：左側の登場人物を確認します。
　　Repeat. Tacky
C：Tacky
　このように語彙を確認します。
T：上側。study English
C：study English
T：watch TV
C：watch TV
　このように語彙を確認します。

★★★★★★	study English	watch TV	clean your room	go to Hokkaido	play sports
Tacky	○	○	×	○	×
Yoshiko	×	○	○	×	○
Chinami	○	×	×	○	×
Koki	×	○	×	×	○
Manami	○	×	○	×	○

ゲームカード例

T：○はその人が昨日したことです。今から Tacky, Yoshiko, Chinami, Koki, Manami の中から誰か1人を選んで，◯をします。（生徒は◯をする）
　やり方を説明します。今から◯をした人になりきって，答えてください。友達とジャンケンをします。ジャンケンに負けた人は，2つ昨日やったことを英語で言います。それを聞いて，相手が誰だか当てるゲームです。（と言って，1回見本を見せる）
　では，時間は5分間です。Please stand up. Let's start.
およそ3分後，やめさせ，枚数を確認。ポイントを与え，終了します。

❷ 文法プリント（「すらすら英文法」等）でまとめを行う。 5分

> **ここで差がつく！**
>
> **指導＆教材活用のポイント**
>
> 　中学1年生の指導のポイントは，何と言っても「楽しく」です。そのために，英語ゲームは欠かせません。そしてその英語ゲームに欠かせないのが，「ポイントカード」です。カードゲームやいろいろなゲームをやった時の励みになるのが，ポイントです。でも，その時々のポイントをあげても，それが何につながるわかならないとモチベーションがだんだんと下がってきます。かと言って，その都度，ステッカーなどをあげるのは，ステッカー欲しさに英語学習に取り組むことになってしまい，知的好奇心を低下させてしまいます。そこで，学期ごとに，得点を継続して記録していく「ポイントカード」を作成します。このカードは，中1授業の年間を通じての大きなやる気へとつなげます。
> 　とにかく，中1は「楽しく」，中2は「わかる」，そして中3は「応用・発展」というように3年間を見通して授業を行っています。

Part 10 過去形の指導アイデア

33 不規則動詞の過去形 肯定文

規則動詞は,新聞のテレビ欄を使いました。不規則動詞では,What did you eat for breakfast? で導入します。I ate …. ということを教えます。そして,「このように ed が付かない形の変わる動詞もあるんです」とつなげます。

1 導入 10分

❶ 食べ物の絵を見せて,語彙を確認しておく。 3分

英語授業は,声の出る活動から入ると,その授業はうまくいきます。それも難しくなく,誰でも簡単にできる活動を入れます。ここでも,最初,いろいろな食べ物の絵を見せて,教師の後に繰り返したり,生徒自身に言わせたりします。簡単な食べ物の言い方は,小学校外国語活動(5年)で学習していますので,What's this? と聞きながら,食べ物名を聞いていってもいいでしょう。

T : Repeat after me. rice　　C : rice
T : miso-soup　　C : miso-soup
T : hamburg steak　　C : hamburg steak
T : What's this?　　C : salad
T : Good. salad　　C : salad
T : This one?　　C : bread

❷ What did you eat for breakfast? の質問をする。 7分

T : This morning, I ate sunny-side up, salad, miso-soup, rice and …
C : natto
T : That's right. I ate natto. I love natto and eat it every day.
　　What did you eat for breakfast this morning?
C1 : Fish, ウインナー, rice and miso-soup.
T : ウインナーソーセージは,a Vienna sausage と言います。みんなで言ってみましょう。
　　a Vienna sausage
C : a Vienna sausage
T : Then, what did you eat for breakfast?
C2　I ate salad, bread and milk.
T : Nice!

Part10-33

2 展開アイデア 10分

❶ カードゲームをする。 5分 （巻末 p.115, p.131参照）

次のようなカードを1人1枚ずつ配ります。

What did you eat for breakfast? --- I ate ..., ..., ...

★★★	salad	sunny side-up	natto	Vienna sausage	fish	miso-soup	rice	bread
Tom	○	○	×	○	×	×	×	○
Sachiko	○	×	×	×	○	○	○	×
Lucy	×	×	○	×	○	×	○	×
Koki	×	○	○	○	×	×	○	×
Mike	○	○	×	○	○	×	○	○

ゲームカード

このようなカードゲームは何回も行っているので，表の見方はすぐに理解できます。簡単に表の見方を教えます。

T：5人の登場人物がいます。（名前を繰り返させて確認）

上に食べ物があります。（食べ物名を繰り返させて確認）

○は，その人が食べた物です。5人の人物から1人選んで◯をしましょう。
（生徒は◯をする）

やり方を説明します。みんなは，◯をした人物になって答えます。ジャンケンをします。ジャンケンに勝った人は，What did you eat for breakfast? と聞き，負けた人は，I ate salad and miso-soup. のように2つ食べた物を言います。それを聞いて，相手が誰だか当てます。当たったら，カードがもらえます。一度やってみましょう。（生徒と見本を見せる）
O.K. I'll give you 5 minutes. Stand up. Let's start.

❷ ゲーム終了後，ポイントを数える。 2分

T：Please count how many cards you have.　**C**：One ... two ... three ... Three cards.

T：You can see stars on the right top of card. That's your point!

❸ 「Additional Game」をする。 3分 （参照『続・英語授業面白ゲーム集』明治図書）

実は，このゲームには続きがあります。

T：では，第2回戦です。今度は，ジャンケンに勝った人は，質問します。負けた人は2つ食べた物を答えます。そして，ジャンケンに勝った人は，「How about .... fish? 魚は食べましたか？」などと聞きます。負けた人は，食べていたら Yes. 食べていなかったら No. と言って，相手を当てるゲームです。（How about 〜? と板書するとともに，見本を見せる）
I'll give you 3 minutes. Let's start.

❸ 説明 12分

❶ 文構造を理解させる。 2分　　　　　　　　　　　　　　**Can Do!**「ed が付かない過去形がある」

T：今日の勉強は,「不規則動詞の過去形」です。昨日やったのは,過去形にする時は ed を付けることを学びました。今日は形の変わる「不規則動詞」です。「食べる」は,eat ですが,「食べた」という時は,ed を付けるのではなく,形が変わってしまうのです。ate となります。このように,ed を付けない動詞を「不規則動詞」と言います。

```
┌─ 不規則動詞の過去形　肯定文 ──────────────┐
│     I play tennis.           I eat natto and rice.        │
│        ↓                        ↓                         │
│     I played tennis.         I ate natto and rice.        │
│       ～をした                 食べた                      │
└──────────────────────────────────┘
```

❷ 口頭練習をする。 3分

T：例えば,他には,have 。持っているという意味ですが,「持っていた」という過去形は,had となります。Repeat after me. had

C：had

T：こんなのもありますね。「行く」という単語。go の過去形は,went となります。went

C：went

T：起きる get up の過去形は,got up

C：got up

T：come の過去形は,came

C：came

T：see の過去形は,saw

C：saw

❸ 板書を写す。 2分

❹ 先生問題&答え合わせをする。 5分

T：先生が3つ英文を書きますので,それを過去の文にしてみましょう。

①I have a dog. → I had a dog.
②You get up at 6:30. → You got up at 6:30.
③My sister comes home before 7:00. → My sister came home before 7:00.

Part10-33

4 まとめ 10分

❶ 自分が昨日の夜やったことを書く。 8分 （巻末p.132参照）

ワークシートを配り，昨日やったことを書かせます。できたら，「何時に～した」というような形で書けるように指示します。

What did you do last night?

_____

_____

_____

_____

_____

☐夕食を食べた（had dinner）　☐家に帰った（went home / got home）
☐テレビを見た（watched TV）　☐寝た（went to bed）
☐勉強した（studied）　　　　　☐宿題をした（did my homework）
☐お風呂に入った（took a bath）

まとめ用ワークシート

英文例）Yesterday I went home at 6:00.

　　　　I did my homework before dinner.

　　　　I had curry and rice for dinner at 7:30.

　　　　My sister and I watched TV.

❷ ワークシートを集める。 2分

ここで差がつく！

指導＆教材活用のポイント

　これからは小学校外国語活動の上にたつ中学校外国語科を考えていくことが大切です。

　例えば，今回扱っている「食べ物」ですが，小学校で「ランチメニューを作ろう」というタスクで，いろいろな食べ物の名前を学習しています。その中では，プリンを pudding と言うことや，ハンバーグを hamburg steak, カレーライスは，curry and rice というように，and が入ることなど「言語への気付き」をもたせながら，授業は行われます。何をどこまで扱っているか知って授業を組み立てていくといいでしょう。

絶対成功する！英文法指導アイデアブック 中学1年

Part 10 過去形の指導アイデア

34 過去形 疑問文

過去形の疑問文の導入は，一般的ではありますが，教師の昨日の生活を絵（写真）で見せ，英語で生徒に「～はやりましたか？」というように質問していきます。最初は答える方だけ，生徒に言わせ，その後，先生に質問してみよう…という形で，Did で始める疑問文を言わせるようにします。ここまでが導入になります。

1 導入 6分

❶ 昨日の生活を生徒に絵で見せながら，語る。 3分

T：Hi, everyone. Today I'm going to talk about my life yesterday. I went home at 8:00 last night.（と言って，玄関を開けて家に帰る絵を見せる）

C1：げ，遅い！

T：遅いって，何て言う？

C2：late

T：Yes. late すごく遅い！っていうのは，Too late. と言います。
Too late.
Then I took a bath.（お風呂の絵を見せる）
And I had dinner at 9:00.（夕食を食べている絵を見せる）

C：Too late.

T：I watched TV. I didn't read a book. And …. I studied English. Then I went to bed at 11:00.
This was my life yesterday.

❶ クラス全体に尋ねる。 3分

T：Did you study last night?（勉強している絵を見せる）

C：Yes. / No.

T：Yes, I did. No, I didn't.（板書する）Answer my questions. Did you take a bath?

C：Yes, I did.

T：Did you have dinner?（夕食を食べている絵を見せる）

C：Yes, I did.

T：Did you read a book?（本を読んでいる絵を見せる）

C：Yes, I did. / No, I didn't.

このように質問していき，答えさせます。

❷ 展開 15分

❶ 今日の学習ポイントを確認する。 3分

T：今日の勉強は，「過去形の疑問文」です。You studied English last night. という文を疑問文にすると，did を前に置き，動詞を原形にします。そして最後にクエスチョンマークを付けばできあがりです。答え方は，Yes, I did. No, I didn't. と did を使って答えます。

> You stud**ied** English last night.
> **Did** you **study** English last night?（あなたは，昨夜英語を勉強しましたか）
> { Yes, I did.
> { No, I didn't.

❷ 口頭練習をする。 1分

T：言ってみましょう。（と言って，数回繰り返す）

❸ カードゲームをする。 10分 （巻末 p.130参照）

肯定文で使ったカードを1枚ずつ配り，次のように言います。

T：今回もカードゲームを行います。○はその人が昨日やったこと，×はその人がやらなかったことです。今から，ジャンケンをします。ジャンケンに勝った人は，2つ質問することができます。負けた人は，答えます。その答えを聞いて，相手が誰だか当てるゲームです。当たったらカードがもらえます。カードが1枚もなくなってしまった人は，ここに置いておきますので，Please give me. と言ってもらっていってください。

★★★ ★★★	study English	watch TV	clean your room	go to Hokkaido	play sports
Tacky	○	○	×	○	×
Yoshiko	×	○	○	×	○
Chinami	○	×	×	○	×
Koki	×	○	×	×	○
Manami	○	×	○	×	○

ゲームカード

T：I'll give you 5 minutes. Let's start!
C1：Rock, scissors, paper. One, two, three.
C2：Did you study English?
C1：Yes, I did.
C2：Did you play sports?
C1：No, I didn't.
C2：Are you Tacky?
C1：Yes, I am. Here you are.

❹ カードゲーム終了後，ポイントを数える。 1分 （巻末 p.115参照）

T：Go back to your seats.
★マークの分だけポイントカードに塗っていってください。
C：（ポイントカードに得点を塗る）

3 説明 15分

❶ 文構造を理解させる。 5分　　　　Can Do!「Did を先頭に置き，動詞は原形，最後にクエスチョンマーク」

T：今日の勉強は，「過去形の疑問文」です。作り方は，Did を文の最初に置き，動詞を原形にします。答え方は，Yes, I did. No, I didn't. となります。では，□で囲んで，ノートに書いておきましょう。

過去形　疑問文とその答え方

　　You studi**ed** English last night.
Did you **study** English last night**?**（あなたは，昨夜英語を勉強しましたか）
　　　{ Yes, I did.
　　　{ No, I didn't.

---

❷ 先生問題&答え合わせをする。 5分

T：では，先生が3つ文を書きますので，それを疑問文にして，ノートに書きましょう。

---

① You played tennis yesterday. → Did you play tennis yesterday?

② Kenji liked soccer. → Did Kenji like soccer?

③ She went to Osaka last Sunday. → Did she go to Osaka last Sunday?

C：（ノートに疑問文にして書く）

T：（数分後）できた人？

C：（数名手を挙げる）

およそ3分後，答え合わせを行います。

❸ 英作文を作る。 3分

T：今日習った表現を使って，英作文をします。

今から3分くらいで，友達が Yes, I did. と答えそうな質問を2つ，No, I didn't. と答えそうな質問を1つ考えてノートに書きましょう。

❹ 友達に質問をする。 2分

T：では，友達に質問してみましょう。予想が当たったら○，はずれたら×を書きます。

C1：Did you watch TV last night?

C2：Yes, I did.

C1：やった！

C2：Did you read comic books last night?

C1：Yes, I did!

4 まとめ 10分

❶ 文法プリントを行う。 10分

T：疑問文の Can Do を確認しましょう。過去形の疑問文は何を前に持って来て，動詞はどうするんだっけ？

C：did を前に持って来て，動詞は原形。

T：そうですね。ここを押さえてくださいね。それで答える時は，何を使いますか。

C：did

T：では，ペアになります。真ん中の線で折りましょう。□の問題ごとにジャンケンをします。ジャンケンに負けた人は，答えを言っていきます。勝った人は，O.K. とか，Good. のように言っていきます。3分間で□4までいきましょう。Ready go.

C：Rock, scissors, paper. One, two, three.

C2：私が負けだね。過去形の疑問文は did を前に持って来て，動詞は原形にする。

C1：O.K.

C：Rock, scissors, paper. One, two, three.

C2：また負けた。答える時は did を使う。

C：Rock, scissors, paper. One, two, three.

C1：わ〜，俺か…。疑問文だね。① Did you play volleyball yesterday?

C2：O.K!

『Can Do で英語力がめきめきアップ！ 中学生のためのすらすら英文法』(p.47)

ここで差がつく！
指導＆教材活用のポイント

　英語指導の原則の1つは，「全体」→「個人」→「全体」です。まず，全体練習をしてから，個人指名。そして個人指名をしたら，再度全体に練習させるという手順です。当然ながら，いきなり個人指名されても英語という言語の特性から，生徒はうまく反応できないかもしれません。そこで，必然的に，全体で練習し，それがどの程度，一人一人身に付いているのかを測るために，個人指名をし，数人個人指名が続くと，指名されなかった他の生徒が暇になってきますので，そこで再度「全体」に戻って，口頭練習は終えます。ですから，口頭での練習をする時には，「全体」→「個人」→「全体」を意識して授業をやることが大事になってきます。

Part 10　過去形の指導アイデア

35 過去形 否定文

過去形の否定文は，やらなかったことを引き出すことがポイントとなります。1つには，「何の教科を昨日の夜勉強した？」と尋ねます。すると教室の中の誰か1人くらいは，「勉強しなかったよ」と言ってくる生徒がいるでしょう。その発言を取り上げ，「勉強しなかったというのはI didn't study. と言います」と教えます。その後は，文法の知識をしっかりまとめ，練習問題を行いながら，理解を深めます。

1 導入　5分

❶ 日常英会話から，否定文の didn't を導入する。　3分

T：What did you eat for breakfast this morning?
C：I ate ….
T：What TV program did you watch?
C：I watched ….

このように質問していき，次に，What subject did you study? と聞きます。すると，中には，「俺。勉強しなかったぜ」と言ってくる生徒が出てくるでしょう。

そこで，didn't の出番です。

C1：I studied English.
C2：I studied math.
C3：勉強しなかった。
T：そういう時は，I didn't study. と言います。
C3：I didn't study.
T：「〜しなかった」という時は，I didn't で始めます。

❷ 質問で didn't を引き出していく。　2分

その他にも，次のような質問で，didn't を引き出していきます。

T：What fruit did you eat this morning?　（今朝，食べた果物は？）
C：え？　I didn't eat fruits.
T：What book did you read?　（昨日，読んだ本は？）
C：I didn't read any books.

❷ 展開 15分

❶ 今日の学習ポイントを確認する。 2分

T：今日の勉強は，「過去形の否定文」です。I studied English last night. を否定文にします。I と studied の間に，didn't を置き，動詞は原形にします。これでできあがりです。

> I   studi**ed** English last night.
> I didn't study   English last night.

❷ 口頭練習をする。 1分

T：言ってみましょう。（数回繰り返す）

❸ カードゲームをする 7分 （巻末 p.130参照）

T：カードゲームを行います。表の見方はわかりますね。○はその人が昨日やったこと，×はその人がやらなかったことです。今から，ジャンケンをします。ジャンケンに負けた人は，やったことを1つ，やらなかったことを1つ言います。そのヒントを聞いて，相手が誰だか当てるゲームです。当たったらカードがもらえます。カードが1枚もなくなってしまった人は，ここに置いておきますので，Please give me. と言ってもらっていってください。

★★★ ★★★	study English	watch TV	clean your room	go to Hokkaido	play sports
Tacky	○	○	×	○	×
Yoshiko	×	○	○	×	○
Chinami	○	×	×	○	×
Koki	×	○	×	×	○
Manami	○	×	○	×	○

カードゲーム例

T：I'll give you 5 minutes. Let's start!
C1：Rock, scissors, paper. One, two, three.
C2：I studied English, but I didn't watch TV.
C1：Well …, are you Manami?
C2：No. I am Chinami. Bye!

❹ ポイントを数える。 1分 （巻末 p.115参照）

T：O.K. Let's go back to your seats. Please count how many cards you have. （生徒は数える）★マークの分だけポイントカードに塗っていってください。

C：（ポイントカードに得点を塗る）

❺ 自己表現をする。 4分

T：では，みんなは昨日はどうでしょうか。例えば，先生は，I studied English. I watched TV. I didn't cook dinner. I didn't listen to music. I didn't play sports. です。隣のペアとジャンケンをします。ジャンケンに負けた人は，自分のことを相手に伝えます。

C：Rock, scissors, paper. One, two, three. I didn't study English. I watched TV. I didn't cook dinner. I listened to music. I played the guitar.

3 説明 10分

❶ 文構造を理解させる。 5分　　　　　　　　　　Can Do!「主語と動詞の間に didn't を入れると否定文」

T：今日の勉強は，「過去形の否定文」です。作り方は，主語と動詞の間に didn't を入れて，動詞を原形にします。これは，不規則動詞でも同じです。例えば，I ate natto. を否定文にすると，I didn't eat natto. 私は納豆は食べていません…となります。言ってみましょう。I didn't eat natto.

C：I didn't eat natto.

```
┌─ 過去形　否定文 ─────────────────────────────────────┐
│  （規則動詞）                      （不規則動詞）          │
│   I        studied English.        I        ate natto.   │
│   I didn't study    English.       I didn't eat natto.   │
│                ↖ 動詞の原形                               │
└──────────────────────────────────────────────────────┘
```

❷ 先生問題を出す。 3分

T：では，先生が3つ文を黒板に書きますので，それを否定文にしましょう。

```
① I watched TV last night.
② You went to Tokyo yesterday.
③ Maki had dinner with Ken last Sunday.
```

❸ 答え合わせをする。 2分

T：①…。答えはどうなる？

C1：I didn't watch TV last night.

T：そうですね。動詞の前に didn't を置いて，動詞は原形になります。②は…？

C2：You didn't go to Tokyo yesterday.

T：O.K. この場合は，不規則動詞なので，原形の go に変えます。（③も同様に説明する）

```
① I didn't watch TV last night.
② You didn't go to Tokyo yesterday.
③ Maki didn't have dinner with Ken last Sunday.
```

❹ まとめ　13分

❶ 今日のまとめ「～しなかった」という文を言う。　2分

次のような絵を見せながら，「私は昨日～しなかった」という文を言う練習をします。

T：絵を見せますので，すべて「私は昨日～しなかった」という文で言ってみましょう。
　　（テニスをしている絵を見せる）
C：I didn't play tennis yesterday.
T：（寿司を食べている絵を見せる）
C：I didn't eat sushi yesterday.
T：（テレビを見ている絵を見せる）
C：I didn't watch TV yesterday.
T：（6時に起きる絵を見せる）
C：I didn't get up at 6:00 yesterday.
T：（お風呂に入っている絵を見せる）
C：I didn't take a bath yesterday.

❷ 自己表現をする。　3分

T：では，普段はやるけど，昨日はやらなかったことは何ですか？　2つノートに書きましょう。

❸ 発表をする。　3分

T：隣の友達に，交互にやらなかったことを言いましょう。
　　（活動の様子を見ながら…）
　　数名，発表してもらいます。

❹ 文法プリント（「すらすら英会話」等）で理解を深める。　5分

\ここで差がつく！/
指導＆教材活用のポイント

　ここで私の教材集の中からおすすめのものを紹介します。ぜひ手元にあると教材研究の時間を短縮できる教材です。あるものは使えばいいのです。

①文法別で入試力をぐんぐん鍛える！　中学生のための英作文ワーク
②Can Do で英語力がめきめきアップ！　中学生のためのすらすら英文法
③5分間トレーニングで英語力がぐんぐんアップ！　中学生のためのすらすら英会話100
④授業を100倍面白くする！中学校英文法パズル＆クイズ
⑤1日5分で英会話の語彙力アップ！中学生のためのすらすら英単語2000
⑥入試力をパワーアップする！　中学生のための英語基本単語検定ワーク

（いずれも『授業をグーンと楽しくする英語教材シリーズ』明治図書，参照 http://www.meijitosho.co.jp）

付録　ワークシート＆カード集

Part2 ⑦⑧⑨　3ヒント・スーパー3ヒントクイズシート　　class　　name

	クイズ1	クイズ2	クイズ3	クイズ4
ヒント1				
ヒント2				
ヒント3				

Part2 ⑦　まとめ用ワークシート　　class　　name

自分を紹介しよう！

☆自分の好きなもの

___

___

___

☆自分の持っているもの

___

___

___

☆自分がするスポーツ

___

___

___

Part 2 ⑦ ポイントカード　　　　　　　　　　class　　　name

スタート

ゴール

Part 2 ⑦ 絵カード

Part 2 ⑧ 絵カード

| 5 lion | 1 cat | 2 monkey | 3 tiger |
| 10 snake | 7 koala | 6 alligator | 9 cockroach |

Part 2 ❾ 絵カード

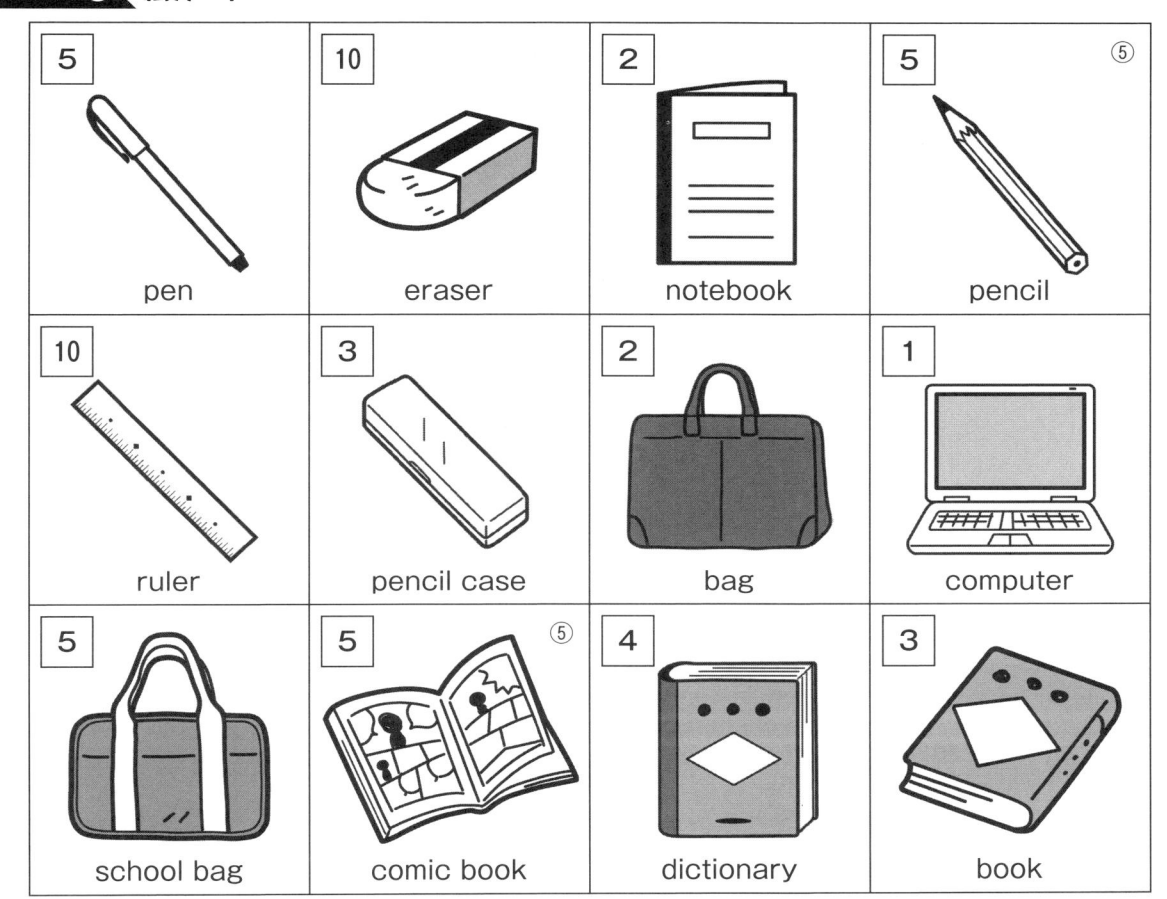

5 pen	10 eraser	2 notebook	5 ⑤ pencil
10 ruler	3 pencil case	2 bag	1 computer
5 school bag	5 ⑤ comic book	4 dictionary	3 book

Part 2 ❾ まとめ用ワークシート

class　　　name

自分を紹介しよう！

☆自分のやること＆やらないこと

☆自分の持っているもの＆持っていないもの

☆自分がするスポーツ＆しないスポーツ

Part 3 ⑩ 絵カード

happy	hungry	angry	sick
sad	sleepy	tired	busy

Part 3 ⑩ まとめ用ワークシート　　　　　class　　　name

自分を紹介する文を5文で書こう！

☆次のような語を用いて，例にならって自分を紹介する文を書きましょう。

例）Hello. I am Taku. I am a boy. I am from Hokkaido. I am small. But I am active.

- □男の子（a boy）　　□女の子（a girl）
- □中学生（a junior high school student）
- □〜の出身（from 〜）　□13歳（13 years old）　□優しい（kind）　□背が高い（tall）
- □面白い（interesting）　□素敵な（nice）　　□幸せ（happy）　□元気（active）
- □大きい（big）　　□小さい（small）　　□おとなしい（quiet）
- □サッカーの選手（a soccer player）

Hello. I am _____

Part 3 ⑪ & Part 6 ㉒ 絵カード

class　　　　name

20 lion	10 cat	20 monkey	5 snake
10 koala	30 alligator	2 fish	20 elephant
25 giraffe	5 cockroach	10 panda	6 cow
7 dog	3 tiger	4 whale	9 hippo
15 octopus	8 parrot	1 horse	3 zebra

絶対成功する！英文法指導アイデアブック　中学1年

Part 3 ⓫ まとめ用ワークシート　　　　　　　　　　　class　　　name

Let's use it!　次のような時に，何と言いますか？

①あなたはアメリカからの友達を迎えに空港に来ています。
　すると向こうから大きなカバンを持って来た外国人がやって来ました。
　あなたの方を見てニコッとします。
　そこで一言。「**あなたはトムですか？**」
　その後のトムの返事も書きましょう。

　　あなた：（　　　　　　　　　　　　　　　　　　　　　　　　　　　　　）

　　Tom：（　　　　　　　　　　　　　　　　　　　　　　　　　　　　　　）

②あなたは居間でテレビを見ています。お腹がすいてお菓子を食べています。
　そこにお母さんがやって来て次のように言います。「**お腹すいているの？**」

　　Mother：（　　　　　　　　　　　　　　　　　　　　　　　　　　　　）

　　あなた：（　　　　　　　　　　　　　　　　　　　　　　　　　　　　　）

③教室で机に顔を当てて寝ている男の子がいます。寝不足かな？
　それとも具合が悪いのかな？　心配なので声をかけてみましょう。

　　あなた：（　　　　　　　　　　　　　　　　　　　　　　　　　　　　　）

　　男の子：（　　　　　　　　　　　　　　　　　　　　　　　　　　　　　）

　　あなた：（　　　　　　　　　　　　　　　　　　　　　　　　　　　　　）

　　男の子：（　　　　　　　　　　　　　　　　　　　　　　　　　　　　　）

Part 3 ⑫ ゲームカード

class　　　name

★★★ ★★★★	big	small	sad	sleepy	hungry
Bob	○	×	○	×	○
Sally	×	×	×	○	○
Dick	×	○	×	○	×
George	○	×	×	×	○
May	×	×	○	○	×

Part 3 ⑫ まとめ用ワークシート

class　　　name

「～でな～い」自分を紹介しよう！

☆次のような語を用いて，例にならって「そうでない自分」を紹介しよう。

例）Hello. I am Taku.（←ここだけ肯定文）
　　I am not a girl. I am not from Osaka. I am not tall.
　　I am not 12 years old.

Hello. I am _____

_____

_____

□男の子（a boy）　　　□女の子（a girl）　　　□中学生（a junior high school student）
□～の出身（from ～）　□13歳（13 years old）　□優しい（kind）　　□背が高い（tall）
□面白い（interesting）　□素敵な（nice）　　　　□幸せ（happy）　　□元気（active）
□年をとっている（old）　□大きい（big）　　　　□小さい（small）　□おとなしい（quiet）
□サッカーの選手（a soccer player）　　　　　　□うるさい（noisy）

Part 5 ⑮ ⑯ スキットシート・ゲームカード

class _____ name _____

スキットシート

スキット

Shopkeeper : Hi, may I help you?
　　　　　　　What do you want?
　Customer : I want a cap.
Shopkeeper : **What color** do you like?
　Customer : I like pink.
Shopkeeper : Pink? We don't have pink. We
　　　　　　　have brown, white and black.
　　　　　　　What color do you like?
　Customer : O.K. I like brown.
Shopkeeper : Hey, this is it.
　Customer : Excuse me. **What's this?**
Shopkeeper : It's a cat.
　Customer : No. I want a cap.
Shopkeeper : A cat?
　Customer : No. A cap.

ゲームカード

When is ○○'s birthday?

のび太	•	• January 24th
ドラミ	•	• June 15th
ジャイアン	•	• August 7th
ミニドラ	•	• December 2nd
のび助	•	• December 25th

Part 5 ⑱ 不思議な絵

上の2枚を入れかえると人数が増える!?

A　　　　　　　　　　　　　　B

Part 5 ⑳ 時刻カード

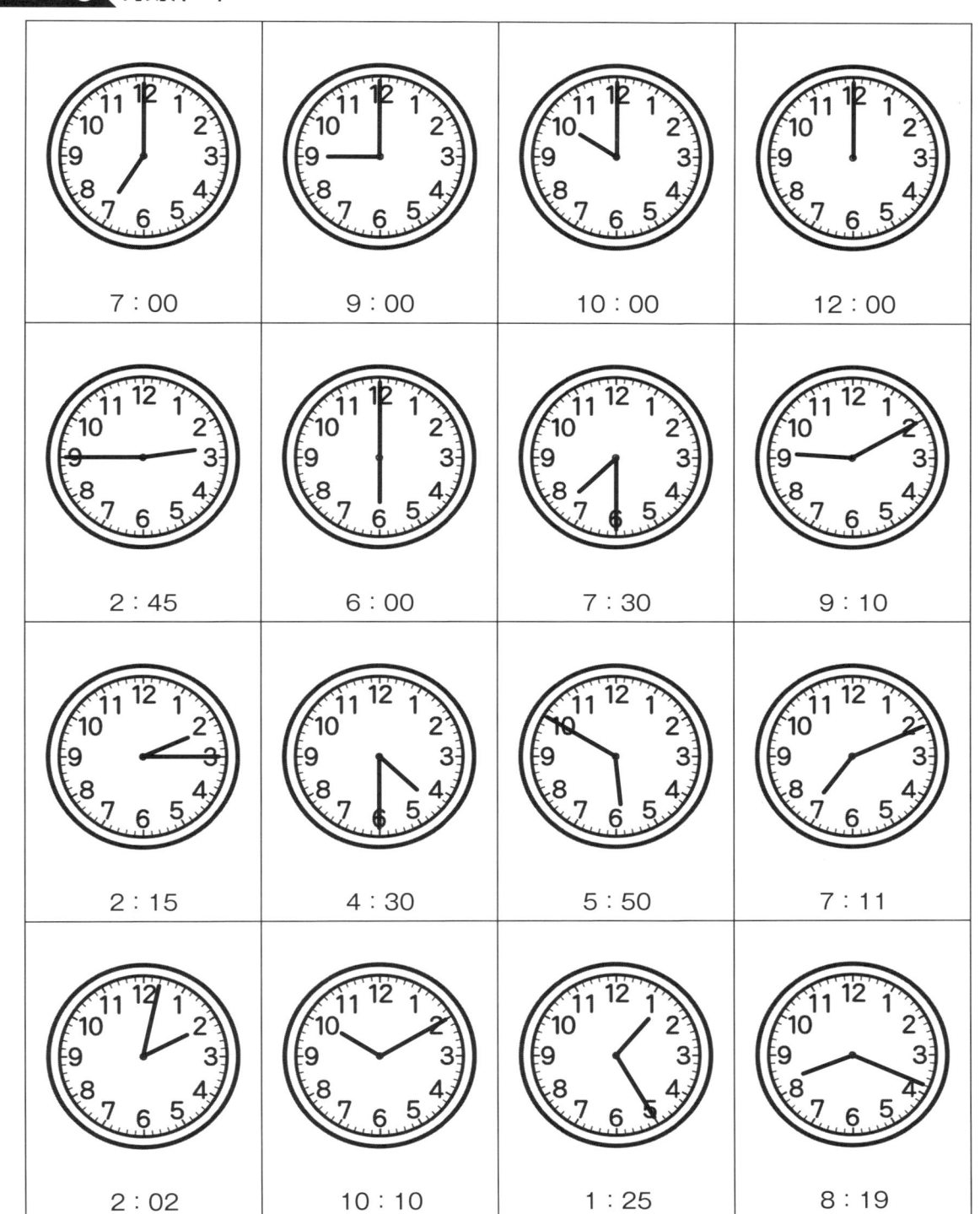

7:00	9:00	10:00	12:00
2:45	6:00	7:30	9:10
2:15	4:30	5:50	7:11
2:02	10:10	1:25	8:19

Part 6 ㉒ まとめ用ワークシート

class　　　　name

友達を紹介しよう！

☆友達を英語で紹介しよう。

Hello. This is my friend.

Part 6 ㉓ ゲームカード

class　　　　name

A (　　　)　　　B (　　　)

C (　　　)

A (　　　)　　　B (　　　)

C (　　　)

A (　　　)　　　B (　　　)

C (　　　)

A (　　　)　　　B (　　　)

C (　　　)

Part 6 ㉓ まとめ用ワークシート　　　　class　　　name

Let's use it!　次のような時に，何と言いますか？

①ドラえもんの映画を見た後に，ふと疑問に思いました。

ドラえもんには耳がないけど，ドラミにはあるのかな？

そこで友達に一言。「**ドラミ（Dorami）って耳あるの？**」

　　あなた：(　　　　　　　　　　　　　　　　　　　　　　　　　　　　　　　　)

　　友達　：(　　　　　　　　　　　　　　　　　　　　　　　　　　　　　　　　)

②ハロウィンが近づいてきました。あなたはクラスでハロウィンパーティをしたいと思っています。しかし，何をやればいいかわかりません。またそもそもハロウィンって何のお祭りなのかも知りません。そこで，クラスのみんなに聞きます。

「**ハロウィンについて誰か（anyone）知っていますか？**」

　　あなた：(　　　　　　　　　　　　　　　　　　　　　　　　　　　　　　　　)

　　友達　：(　　　　　　　　　　　　　　　　　　　　　　　　　　　　　　　　)

③あなたは旅行に来ています。アメリカから来ているTomにお土産を買おうと思います。しかし，何を買えばいいのか迷っています。そこで友達に聞きましょう。

「**トムはそばを食べるかな？**」

　　あなた：(　　　　　　　　　　　　　　　　　　　　　　　　　　　　　　　　)

　　友達　：(　　　　　　　　　　　　　　　　　　　　　　　　　　　　　　　　)

　　あなた：(　　　　　　　　　　　　　　　　　　　　　　　　　　　　　　　　)

　　友達　：(　　　　　　　　　　　　　　　　　　　　　　　　　　　　　　　　)

Part 6 ㉔ ゲームカード

	have any brothers	like English	play soccer	live in Tokyo	come to school by bicycle
Mike	○	×	○	×	○
Yuki	×	○	○	×	○
Nancy	○	○	×	○	×
Hiroshi	○	○	×	×	○
Hippe	×	×	○	○	×

Part 7 ㉕ 絵プリント

jump	 walk	 run
play tennis	 sing	 sleep
 look	 drink	 eat
 cook	 play the guitar	 sit down

Part 7 ㉖ 絵プリント

talk	stand up	sleep
drink and eat	take a picture	sit down
throw	turn right	swim
run	draw pictures	enter

Part 8 ㉘ ゲームカード　　　　　　　　　　　　　class　　　name

What are you doing?　----　I'm ----

- Ken ・　　　　　　　　　・
- Yuki ・　　　　　　　　　・
- Sally ・　　　　　　　　　・
- Hiroshi ・　　　　　　　　　・
- James ・　　　　　　　　　・
- Hippe ・　　　　　　　　　・

Part 8 ㉘ まとめ用ワークシート　　　　　　　　class　　　name

Let's use it!　次のような時に，何と言いますか？

①あなたは部屋にいます。隣の部屋から物音が聞こえてきました。隣の部屋は弟の部屋です。そこで一言。「**何してんの？**」
　　あなた：(　　　　　　　　　　　　　　　　　　　　　　　　　　　　　　　　　　　)
　　Brother：(　　　　　　　　　　　　　　　　　　　　　　　　　　　　　　　　　　　)
　　あなた：(　　　　　　　　　　　　　　　　　　　　　　　　　　　　　　　　　　　)
　　Brother：(　　　　　　　　　　　　　　　　　　　　　　　　　　　　　　　　　　　)

②２階にいるあなたは居間に行くとテレビつけっぱなしで，お母さんがグーグー寝ているようです。そこで一言。「**テレビ見てんの？**」
　　あなた：(　　　　　　　　　　　　　　　　　　　　　　　　　　　　　　　　　　　)
　　Mother：(　　　　　　　　　　　　　　　　　　　　　　　　　　　　　　　　　　　)

Part 8 ㉙ スキットシート

class　　　name

8文スキット

A
_____

B
_____

A
_____

B
_____

A
_____

B
_____

A
_____

B
_____

現在進行形の　　□肯定文　　□疑問文　　□否定文

Part 9 ㉚ ㉛ ゲームカード　　　　　　　　　　　　class　　　name

★★★	swim	sing	play tennis	cook	eat natto
Ken	○	○	×	×	○
Maki	×	○	○	○	×
Hiroshi	○	×	○	×	○
Yuki	×	○	×	○	×
Hippe	○	×	○	○	○

Part 10 ㉜ ㉞ ㉟ ゲームカード　　　　　　　　　　　　class　　　name

★★★ ★★★	study English	watch TV	clean your room	go to Hokkaido	play sports
Tacky	○	○	×	○	×
Yoshiko	×	○	○	×	○
Chinami	○	×	×	○	×
Koki	×	○	×	×	○
Manami	○	×	○	×	○

Part 10 ③ ゲームカード

class　　　name

What did you eat for breakfast? --- I ate ..., ..., ...

★★★	salad	sunny side-up	natto	Vienna sausage	fish	miso-soup	rice	bread
Tom	○	○	×	○	×	×	×	○
Sachiko	○	×	×	×	○	○	○	×
Lucy	×	×	○	×	○	×	○	×
Koki	×	○	○	○	×	×	○	×
Mike	○	○	×	○	○	×	○	○

★★★★★	salad	sunny side-up	natto	Vienna sausage	fish	miso-soup	rice	bread
Tom	○	○	×	○	×	×	×	○
Sachiko	○	×	×	×	○	○	○	×
Lucy	×	×	○	×	○	×	○	×
Koki	×	○	○	○	×	×	○	×
Mike	○	○	×	○	○	×	○	○

★★★★★★★★★★	salad	sunny side-up	natto	Vienna sausage	fish	miso-soup	rice	bread
Tom	○	○	×	○	×	×	×	○
Sachiko	○	×	×	×	○	○	○	×
Lucy	×	×	○	×	○	×	○	×
Koki	×	○	○	○	×	×	○	×
Mike	○	○	×	○	○	×	○	○

絶対成功する！英文法指導アイデアブック　中学1年

Part 10 ㉝ まとめ用ワークシート   class　　name

What did you do last night?

___

☐ 夕食を食べた（had dinner）　　☐ 家に帰った（went home / got home）
☐ テレビを見た（watched TV）　　☐ 寝た（went to bed）
☐ 勉強した（studied）　　　　　　☐ 宿題をした（did my homework）
☐ お風呂に入った（took a bath）

参考文献

『英語教師のための文法指導デザイン』田中武夫・田中知聡著　大修館書店

『英語で教える英文法——場面で導入，活動で理解』卯城祐司編著　研究社

『ビギナー教師の英語授業づくり入門11　中学の英文法！楽しい導入アクティビティ・アイデア集』瀧沢広人著　明治図書

『英語の言語活動 WHAT & HOW 』原田昌明著　大修館書店

『タスクを活用した英語授業のデザイン』松村昌紀著　大修館書店

『英語指導法ハンドブック　①導入編』伊藤健三他編　大修館書店

『生き生きとした英語授業　上巻』米山朝二・高橋正夫・佐野正之共著　大修館書店

『生き生きとした英語授業　下巻』米山朝二・高橋正夫・佐野正之共著　大修館書店

『英語授業改革双書4　英語授業面白ゲーム集』柳井智彦解説／瀧沢広人著　明治図書

『英語授業改革双書10　続・英語授業面白ゲーム集』瀧沢広人著　明治図書

『授業をグーンと楽しくする英語教材シリーズ37　授業を100倍面白くする！中学校英文法パズル＆クイズ』瀧沢広人著　明治図書

『ビギナー教師の英語授業づくり入門6　生徒が熱中する英語ゲーム33の技』瀧沢広人著　明治図書

『英語授業改革双書30　中学生を英語授業にノセル裏技49』瀧沢広人著　明治図書

『中学英文法　定着テスト＆発展・補充ミニ教材集　中学1年編』瀧沢広人著　明治図書

『中学英文法　定着テスト＆発展・補充ミニ教材集　中学2年編』瀧沢広人著　明治図書

『中学英文法　定着テスト＆発展・補充ミニ教材集　中学3年編』瀧沢広人著　明治図書

『授業をグーンと楽しくする英語教材シリーズ27　文法別で入試力をぐんぐん鍛える！　中学生のための英作文ワーク』瀧沢広人著　明治図書

『授業をグーンと楽しくする英語教材シリーズ29　Can Doで英語力がめきめきアップ！　中学生のためのすらすら英文法』瀧沢広人著　明治図書

『授業をグーンと楽しくする英語教材シリーズ24　5分間トレーニングで英語力がぐんぐんアップ！　中学生のためのすらすら英会話100』瀧沢広人著　明治図書

『ビギナー教師の英語授業づくり入門3　中学3年間・英語カリキュラムづくりのヒント』瀧沢広人著　明治図書

『英語授業改革双書1　英語教室が変わるおもしろ導入事例』大鐘雅勝著　明治図書

『ビギナー教師の英語授業づくり入門9　あの先生の授業が楽しいヒミツ？　生徒がどんどんノッてくる英語指導の面白アイデア29』瀧沢広人著　明治図書

『授業をグーンと楽しくする英語教材シリーズ25　1日5分で英会話の語彙力アップ！中学生のためのすらすら英単語2000』瀧沢広人・岩井敏行・小山田友美著　明治図書

おわりに

　私が新任の時，一番力を入れたのが，文法です。
　導入をどうしようか…。
　活動をどのように取り入れようか…。
　まとめをどうしようか…。
　そんなことに時間を使いながら，時には夜中の２時まで，授業プランを練っていたこともあります。しかし準備がしっかりできている時は，教室への足取りも軽いです。
　英語の指導法に関する本という本を買いあさり，学会や公開研究会があれば，授業に都合を付けながら，年休をとり，授業のアイデアを得に行きました。
　そこで得たものは，すぐに次の授業で試してみました。
　右も左もわからない新任の私は，様々なアイデアを得ることに時間を費やしました。
　お金もかけました。ほとんどの英語教育書は手にしました。
　校内では，校長先生が英語の先生でしたので，授業を見に来ていただき，たくさん指導をいただきました。教務主任も英語科で，私の初任研の指導者でした。教務主任の先生の授業を毎週１回，見る機会がありました。指導技術や授業マネージメントを学びました。もちろん私の授業も週に一度，見ていただきました。
　そんなふうに，授業力向上を目指し，現在も勉強中です。
　磨かなければ，腕は鈍ります。
　本書でも，何度も取り上げていますが，これからは習った文法を使うという〈活用力〉が課題となってきます。
　１つのヒントは，私は「タスク活動」にあるのではないかと思っています。
　生徒が自由自在に英語で表現できる日を夢見て，お互い頑張りましょう。
　さて，よくいろいろな人から，どうやって本を書く時間を捻出しているのか…，いつ書いているのか…という質問を受けますが，今は，自分で締め切りを作っています。それを与えられた締め切りよりも１か月早く終わるように設定します。
　これは学校の仕事でも同じです。１か月先の仕事をしておきます。それが仕事にゆとりを生みます。これが私の知的生産術になっています。
　本書のアイデアが，先生方の新たなアイデアになっていくことを期待しています。
　2015年４月

瀧沢広人

【著者紹介】
瀧沢　広人（たきざわ　ひろと）

　1966年東京都東大和市に生まれる。埼玉大学教育学部卒業後，埼玉県公立中学校，ベトナム日本人学校などに勤務。中学3年生の夏に外国人と話をした経験から英語が大好きになり，将来は英語の先生になりたいと思うようになった。教師となってからは，1人でも多くの生徒が，英語を楽しいと感じてもらえるよう，著書やセミナーで学ぶ。また自らも楽しいアイデアなどを発信するようになる。ここ数年は，授業ですぐに使えるような教材を開発したり，アイデア集を提供したりしている。

　主な著書は，『授業をグーンと楽しくする英語教材シリーズ37　授業を100倍面白くする！中学校英文法パズル＆クイズ』，『同29　Can Doで英語力がめきめきアップ！　中学生のためのすらすら英文法』，『同28　入試力をパワーアップする！　中学生のための英語基本単語検定ワーク』，『同27　文法別で入試力をぐんぐん鍛える！　中学生のための英作文ワーク』，『同25　1日5分で英会話の語彙力アップ！中学生のためのすらすら英単語2000』，『同24　5分間トレーニングで英語力がぐんぐんアップ！　中学生のためのすらすら英会話100』，『同21　授業を100倍楽しくする！　英語学習パズル＆クイズ』，『目指せ！英語授業の達人22　教科書を200％活用する！　英語内容理解活動＆読解テスト55』『同21　英語授業のユニバーサルデザイン　つまずきを支援する指導＆教材アイデア50』（いずれも明治図書），他多数。

【本文イラスト】 木村　美穂

目指せ！英語授業の達人㉚
絶対成功する！英文法指導アイデアブック　中学1年

2015年5月初版第1刷刊　Ⓒ著　者　瀧　沢　広　人
2025年3月初版第10刷刊
発行者　藤　原　久　雄
発行所　明治図書出版株式会社
http://www.meijitosho.co.jp
（企画）木山麻衣子（校正）有海有理
〒114-0023　東京都北区滝野川7-46-1
振替00160-5-151318　電話03(5907)6702
ご注文窓口　電話03(5907)6668

＊検印省略　　　　　　組版所　株式会社ライラック

本書の付録部分以外の無断コピーは，著作権・出版権にふれます。ご注意ください。

Printed in Japan　　　　　　　ISBN978-4-18-179324-1
もれなくクーポンがもらえる！読者アンケートはこちらから→

授業をグーンと楽しくする英語教材シリーズ

24 5分間トレーニングで英語力がぐんぐんアップ！**中学生のためのすらすら英会話100**

瀧沢広人 著　図書番号 0943／B5判 128頁／本体2,060円+税

授業最初の5分間、ペアでQAを行うだけで、生徒に英語力が身につく優れもの「すらすら英会話」。コピーしてすぐ使える学年ごとの文法編、場面会話編の「英会話シート」と相づちなどをまとめた「ひとくち英語シート」で生徒の英語力が大幅にアップすること間違いなし！

25 1日5分で英会語の語彙力アップ！**中学生のためのすらすら英単語2000**

瀧沢広人・岩井敏行・小山田友美 著　図書番号 0970／B5判 132頁／本体2,060円+税

「適切な教材がなければいい指導はできない！」という著者が贈るすらすら教材の第2弾。授業最初のたった5分間のペア活動で導入するだけで、中学3年間で2000語もの英単語に触れることができるワークシート集。英検対策もできる便利なすらすら英熟語シートも収録！

27 文法別で入試力をぐんぐん鍛える！**中学生のための英作文ワーク**

瀧沢広人 著　図書番号 1216／B5判 136頁／本体2,000円+税

新しい英文法を学習した後、それを使ってすぐに書くことができる小刻みなライティング活動を厳選し、入門期のアルファベット指導から高校入試に出る7つのパターン練習まで、中学3年間の授業で使えるワークシートとともに紹介。自分の言葉で英文を書く力を鍛えます！

29 Can Doで英語力がめきめきアップ！**中学生のためのすらすら英文法**

瀧沢広人 著　図書番号 1329／B5判 136頁／本体2,000円+税

大好評のすらすら英会話、英単語に続く、すらすらシリーズ第3弾は入試にも出る英文法を取り上げ、これだけは押さえたい英文法の原理原則「Can Do」と問題を1枚のワークシートにシンプルにまとめて紹介。短時間で文法項目をチェック、ペア学習もできる1冊です！

37 授業を100倍面白くする！**中学校英文法パズル＆クイズ**

瀧沢広人 著　図書番号 1630／B5判 128頁／本体2,400円+税

『英語学習パズル＆クイズ』の続編となる本書では、中学校で学習する英文法をすべて網羅したパズル・クイズを学年別に紹介。解説・解答が別ページになっているので、生徒自身が答えを楽しくチェックすることも可能。授業だけでなく自習や宿題にも使える便利な1冊です！

明治図書　携帯・スマートフォンからは **明治図書 ONLINE へ**　書籍の検索、注文ができます。▶▶▶

http://www.meijitosho.co.jp　＊併記4桁の図書番号（英数字）でHP、携帯での検索・注文が簡単に行えます。

〒114-0023　東京都北区滝野川7-46-1　ご注文窓口　TEL03-5907-6668　FAX 050-3156-2790

＊価格は全て本体価格表示です。